AVATARES DE UN SISTEMA MONETARIO

AVATARES DE UN SISTEMA MONETARIO

La Primera Caja de Conversión argentina y su transformación final en Banco Central (1890-1935)

Mónica Gómez

Gómez, Mónica

Avatares de un sistema monetario: la Primera Caja de Conversión argentina y su transformación final en Banco Central (1890-1935) / Mónica Gómez. – 1a ed. – Ciudad Autónoma de Buenos Aires: Teseo, 2018. 208 p.; 20 x 13 cm.
ISBN 978-987-723-158-8
1. Historia Económica Argentina. 2. Historia. I. Título.
CDD 330.982

Imagen de tapa: obtenida en el Museo Histórico y Numismático Héctor Carlos Janson

© Editorial Teseo, 2018
Buenos Aires, Argentina
Editorial Teseo
Hecho el depósito que previene la ley 11.723
Para sugerencias o comentarios acerca del contenido de esta obra, escríbanos a: **info@editorialteseo.com**
www.editorialteseo.com

ISBN: 9789877231588

Compaginado desde TeseoPress (www.teseopress.com)

A Rafael y Monserrat

Índice

Agradecimientos 11
Introducción 15
I. El sistema de caja de conversión 23
   I.1. Las características del sistema 25
   I.2. Las condiciones necesarias 35
   I.3. Conclusiones 51
II. El período del Progreso, 1900-1914 55
   II.1. La balanza de pagos 56
   II.2. La Caja de Conversión 59
   II.3. El sistema bancario 62
   II.4. El Estado 64
   II.5. El Banco de la Nación y la ausencia de funciones bancocentralistas 66
   II.6. Conclusiones 69
III. La Primera Guerra Mundial, 1914-1918 71
   III.1. La balanza de pagos 72
   III.2. Los cambios institucionales 75
   III.3. La Caja de Conversión y las funciones bancocentralistas 80
   III.4. El sistema bancario 84
   III.5. El Estado 90
   III.6. El Banco de la Nación y las funciones bancocentralistas 92
   III.7. Conclusiones 98
IV. Los años veinte, 1919-1928 101
   IV.1. La balanza de pagos 102
   IV.2. La Caja de Conversión y las funciones bancocentralistas 104
   IV.3. El sistema bancario 111
   IV.4. El Estado 112

IV.5. El Banco de la Nación y las funciones bancocentralistas 114
IV.6. Conclusiones 121

V. La Gran Depresión, 1929-1934 125
V.1. La balanza de pagos 126
V.2. Los cambios institucionales 129
V.3. La Caja de Conversión y las funciones bancocentralistas 140
V.4. El sistema bancario 149
V.5. El Estado 154
V.6. El Banco de la Nación y las funciones bancocentralistas 158
V.7. Conclusiones 166

VI. La creación del Banco Central 171
VI.1. Capital 174
VI.2. Dirección 177
VI.3. Objetivo de política monetaria 178
VI.4. Instrumentos de política monetaria 178
VI.5. Reserva 179
VI.6. Redescuentos 180
VI.7. Adelantos al gobierno 181
VI.8. Supervisión del sistema bancario 182
VI.9. Saneamiento a los bancos 185
VI.10. Conclusiones 186

VII. Aprendiendo del pasado: reflexiones finales 189
VII.1. Reglas versus discrecionalidad monetaria 189
VII.2. La función de prestamista de última instancia 191
VII.3. La presión del Estado por financiamiento 192

Apéndice 195

Fuentes 197

Bibliografía 199

Agradecimientos

Esta investigación empezó a mediados de 2013. En una conversación con mi ex maestro Carlos Marichal de El Colegio de México, le manifesté que sería interesante construir una base de datos con la información reunida en la obra *La economía bancaria argentina*, de Pedro Baiocco, publicada en 1937. Su entusiasmo y apoyo hicieron que esa idea se concretara. Guillermo Cossetini, ex alumno de Historia Económica, fue el encargado del levantamiento de los datos en aquel entonces. En diciembre de ese mismo año, me llegaba una invitación para participar como expositora en el *III Encuentro de Historia y Archivos Bancarios y Financieros en el Banco Central de la República Argentina*. Allí presenté a grandes rasgos los resultados de la flamante base de datos (véase Apéndice).

A principios de 2014, sometí para su acreditación un proyecto en la Secretaría de Ciencia y Técnica de la Universidad Nacional de Córdoba, "El modelo de la Caja de Conversión y el Banco de la Nación Argentina, 1890/91-1935". Este proyecto empleaba como fuente principal la base de datos construida el año anterior. El equipo de investigación, con lugar de trabajo en la Facultad de Ciencias Económicas, estuvo conformado por Gabriel Ratner, magíster en Finanzas Públicas; Lucas Tossolini, licenciado en Economía; y Germán González, ex alumno de Historia Económica. Si bien no formaron parte de este equipo, Miguel Bragagnolo, Belén López y Florencia Acef (ex alumnos de Historia Económica) colaboraron en distintos momentos en el levantamiento de alguna información de este trabajo. Lucas Tossolini, además, se encargó del armado de los cuadros y gráficos y de la revisión completa del libro y la base de datos

A mediados de 2014, comenzaron las presentaciones de los resultados del proyecto. La primera se llevó a cabo en el *IV Congreso Latinoamericano de Historia Económica* (CLADE) en Bogotá (Gómez, 2014); el comentarista fue Pablo Martín Aceña. En noviembre, se realizó una segunda en la *XLIX Reunión Anual de la Asociación Argentina de Economía Política* (AAEP) en Posadas (Gómez, Ratner y Tossolini, 2014); en esta ocasión, el comentarista fue Gerardo della Paolera.

Al año siguiente, se realizaron dos nuevas exposiciones: una en la *L Reunión Anual de la AAEP* en Salta (Gómez et ál., 2015), cuyo comentarista fue Juan Carlos de Pablo; y la otra exposición fue en la *6ª Jornadas de la Asociación Uruguaya de Historia Económica* (AUDHE) en Montevideo (Gómez, 2015), cuyo comentarista fue Gastón Díaz Steiberg.

A comienzos de 2016, un nuevo proyecto continuación del anterior –"De la Caja de Conversión al Banco Central"– fue presentado para su acreditación en la Secretaría de Ciencia y Técnica. En este año, se llevaron a cabo las tres últimas presentaciones. La primera en el *Congreso Internacional "Orígenes de la Globalización Bancaria: la experiencia de España y Latinoamérica"* en Santander España (Gómez, 2016a); el comentarista fue Gabriel Tortella. La segunda en las *Jornadas de Historia Económica Argentina "200 años de Economía Argentina"* en la Academia Nacional de Historia. Y la tercera se realizó en *CLADHE V Sao Paulo* (Gómez, 2016b), cuyo comentarista fue Gail Triner. En este mismo año, también recibí el apoyo de la Fundación de la Universidad de Cantabria para el Estudio e Investigación del Sector Financiero (UCEIF).

Finalmente, a inicios de 2017, emprendí la preparación del libro. Roberto Cortés Conde (mi ex maestro del Instituto Torcuato Di Tella) tuvo la gentileza de leer el manuscrito completo. Andrés Regalsky, mi colega y compañero de mesas de congresos, se puso al hombro igual tarea.

A Carlos Marichal y Roberto Cortés Conde, mis ex maestros.

A mis colegas, cuyos comentarios me ayudaron en el proceso de elaboración y revisión del libro.

A Lucas Tossolini y Gabriel Ratner, mis colaboradores.

A mis ex alumnos de Historia Económica.

A los centros académicos nacionales e internacionales que me apoyaron en la investigación.

¡Muchas gracias!

Introducción

Fue creada como respuesta a la Crisis de Baring.
Pasó más de una década para que entrara en pleno funcionamiento.
Fue solo en el período del Progreso que funcionó como tal.
Luego sufrió diversas transformaciones, a los fines de hacer frente a los shocks externos.
Y finalmente se convirtió en un Banco Central de *novo* en 1935.

En la época conocida como del patrón oro clásico (1880-1914), la Argentina estaba abierta a los mercados de capitales internacionales; los capitales entraban al país provenientes principalmente de Gran Bretaña. Además, el gobierno nacional había adoptado el compromiso de un tipo de cambio fijo. Primero, lo hizo estableciendo el patrón bimetálico (que en la práctica funcionó como un patrón oro) con la sanción de la ley monetaria de 1881. Luego, cuando se suspendió la convertibilidad en 1885, el gobierno envió señales claras de su intención de volver en un futuro a la paridad original. Y finalmente, con la creación de la Ley de Bancos Nacionales Garantidos en 1887, se adoptó el patrón oro de *una sola vía*;[1] la emisión marginal estaba respaldada por reservas marginales. De este modo, sin olvidar las limitaciones del *trilema* económico (o trinidad imposible),[2] la

---

[1] En el patrón oro de *una sola vía*, los billetes circulantes se expanden cuando las reservas se expanden y se mantienen constante cuando las reservas se contraen.
[2] Las autoridades eligen entre tres objetivos: paridad cambiaria, mercado de capitales abierto o política monetaria activa. El *trilema* entonces existe porque solo se pueden lograr dos de estos objetivos a la vez; es decir: (i) "estabilidad cambiaria y mercado de capitales abierto mediante un tipo de cambio permanentemente fijo, pero renunciando a su independencia monetaria"; o

elección de tipo de cambio fijo y cuentas de capitales abiertas implicaban inexorablemente que la política monetaria quedara determinada de manera endógena.

A partir de marzo de 1889, la situación se complicó. La razón estaba en el frente fiscal. Las autoridades fiscales habían decidido sostener un esquema presupuestario donde los gastos superaban a los ingresos y los déficits eran financiados con venta de títulos públicos en los mercados de capitales internacionales. Empero, el endeudamiento externo llegó a su techo en aquella fecha. Las autoridades, carentes de otros mecanismos fiscales, se desviaron de una política de oferta monetaria endógena y comenzaron a financiar los déficits con emisión monetaria.[3]

Al mismo tiempo, en Buenos Aires, el público anticipó correctamente el uso de la política monetaria como herramienta de la política fiscal; y comenzó a presionar sobre el mercado de cambios. La gente buscaba en un activo monetario externo un depósito de valor que le diera la estabilidad de poder de compra que los billetes domésticos no le garantizaban. Así, compraba oro con papel moneda y, para mayor seguridad, lo enviaba afuera del país. El 2 de marzo se decía que "la exportación de oro fue muy fuerte en febrero; 3 m a Montevideo, 5 m a Europa" (Cortés Conde, 1989: 220-221). El gobierno responsabilizó a la "especulación" de esta situación, por ello estableció el 14 de marzo la prohibición de negociar oro en la Bolsa de Comercio.

Pero la intervención del Estado en el mercado de cambios no acababa allí. Se instauró un régimen de flotación sucia. El oro depositado en el Banco Nacional, que era la garantía del sistema bancario, fue lanzado al mercado. De ello resultó una intensa sustitución entre monedas. El

---

(ii) "independencia monetaria y mercado de capitales abierto mediante la flotación del tipo de cambio, aunque sin lograr estabilidad cambiaria"; o (iii) "estabilidad cambiaria e independencia monetaria, pero abandonando la meta de integrar un mercado de capitales" (Taylor, 2004: 28-29).

[3] Una mayor explicación sobre la política fiscal y la Crisis de Baring se encuentra en Duncan (1983) y Della Paolera y Taylor (2003).

público, deseoso de comprar oro, no solo empleaba sus propias tenencias de billetes sino que también pedía préstamos a los bancos para tal operación. Ahora bien, los particulares atesoraban el oro adquirido o lo enviaban al extranjero; es decir, el oro no volvía a la circulación. Y el Banco Nacional, a instancias del gobierno, volvía a inyectar al sistema los billetes absorbidos, a través de redescuentos a los bancos. Esto perpetuaba el exceso de oferta de dinero, lo que alimentaba el continuo drenaje de oro de las arcas del Banco Nacional.

Como era de esperarse, la defensa del billete garantido fracasó. Para diciembre de 1889, las reservas del Banco Nacional eran de solo 6 millones de pesos oro, apenas un 10,41% del *stock* computado en marzo del mismo año (Della Paolera y Taylor, 2003: 72). Con el agotamiento de las reservas la prima del oro saltó, estallando la crisis. El tipo de cambio subió de 1,48 en 1888 a 1,80 en 1889 (un incremento del 22%), lo cual generó efectos no deseados: la tasa de inflación ascendió de 0 a 19,8%, el déficit fiscal de 34,2 millones de pesos papel a 48,1 millones y el indicador de riego país de 2,18 a 2,37% (104).

El problema no terminó allí. Apenas iniciado el año 1890, se desató una corrida sobre los dos bancos líderes: el Nacional y el Provincia de Buenos Aires. El gobierno autorizó a entrar en circulación billetes de vieja emisión, para que estos pudieran hacer frente al retiro inusitado de depósitos (Della Paolera y Taylor, 2003: 83-84). En marzo y abril de 1890, los billetes en circulación no respaldados por títulos públicos (es decir, billetes no garantidos) correspondientes al Banco Nacional y de la Provincia de Buenos Aires alcanzaron la cifra de $35.116.000 (Williams, 2000 [1920]: 148). El incremento del circulante volvió a aumentar la presión sobre el mercado de cambios. Esto se vio reflejado en una nueva depreciación del peso papel de alrededor de un 20% (Della Paolera y Taylor, 2003: 84), lo cual tuvo su correlato en los precios, las cuentas públicas y la confianza de los inversores externos.

En el mes de junio, el Banco Nacional notificó a la casa *Baring Brothers & Co.* de Londres, principal acreedor de la Argentina, la suspensión del pago trimestral del servicio de la deuda. A ello le siguió una segunda corrida sobre los depósitos del Banco Nacional y del Banco de la Provincia de Buenos Aires. El gobierno trató de continuar con sus políticas de redescuentos, déficit fiscal y default externo; pero esta vez el Congreso no lo apoyó, lo que desencadenó una crisis política (Della Paolera y Taylor, 2003: 84-85). Casi cuatro años después de su asunción como presidente de la nación, Juárez Celman presentó su renuncia el 5 de agosto de 1890. Carlos Pellegrini, el vicepresidente, se hizo cargo del Poder Ejecutivo.

Una vez que asumió la presidencia Pellegrini nombró como ministro de Hacienda a Vicente López. Las primeras medidas del nuevo ministro estuvieron dirigidas al *salvataje* de los bancos líderes y a convertir el sistema descentralizado de emisión en uno centralizado. Por la ley del 6 de septiembre de 1890, se autorizó la emisión de $60.000.000 en billetes de tesorería de curso legal, destinada en gran parte a inyectar liquidez a los bancos Nacional y Provincia de Buenos Aires (Williams, 2000 [1920]: 149).[4] Asimismo, se estableció por decreto la intervención de los bancos de emisión del interior, comenzando con el de Córdoba.[5] Y, por último, se dispuso por la ley del 7 de octubre la creación de una Caja de Conversión. Este organismo iba a tener a su cargo la función de emisión, que hasta ese momento era potestad de los bancos garantidos, así como también la función de conversión del dinero de curso legal.[6]

---

[4] Además, en diciembre, se aplicó un impuesto del 2% sobre los depósitos de los bancos extranjeros, argumentando que el objetivo era disminuir los depósitos en estas entidades a fin de aumentarlos en los bancos oficiales garantidos (Ferns, 1966: 460).

[5] Sobre el Banco de la Provincia de Córdoba y la Crisis de Baring, véase Gómez (2011).

[6] Ley 2741 del 7/10/1890, arts. 1 y 4. En República Argentina (1954). *Anales de Legislación Argentina, Complemento años 1889-1919*, pp. 212-214. Buenos Aires: Editorial La Ley. [En adelante, *Anales* 1954].

Seguidamente a las medidas monetarias, el gobierno nacional anunció la política dirigida a mejorar las finanzas públicas. En el mes de octubre, se dispuso un aumento del 60% en el impuesto a artículos de consumo importados (v.g. tabaco, ropas, alimentos, carruajes y obras de arte). Se anunció, además, el cobro de los impuestos aduaneros 100% en oro (Ferns, 1966: 455).

Faltaba entonces por resolver el problema de la deuda externa. La solución estaba en la reprogramación de la misma, ya que Argentina no contaba con los fondos para el pago a término de los servicios. En el mes de noviembre, fue enviado a Londres el Dr. Victorino de la Plaza,[7] a fin de negociar una moratoria de pago con la casa *Baring Brothers & Co*. Empero, dice el ministro López que

> En medio de las negociaciones de moratoria, [...] llegó "como un rayo" la noticia de que Baring Brothers debía ir a la liquidación "a menos que el gobierno argentino viniera a su rescate pagando las obligaciones pendientes y liberándolos de las obligaciones de pagar £1.460.000", la tercera cuota del empréstito de la Buenos Aires Water Supply and Drainage[8].

Al gobierno nacional argentino no le quedó otro remedio que confesar su incapacidad de pago, al igual que a los gobiernos provinciales deudores y a las municipalidades. Frente a esta situación, el Banco de Inglaterra, apartándose temporalmente de las reglas del patrón oro, salió al rescate de la firma bancaria londinense. La razón de tal actuación (prestamista de última instancia) fue evitar un

---

[7] Victorino de la Plaza sucedió a Roque Sáenz Peña en la presidencia el 9 de agosto de 1914, completando el mandato el 12 de octubre de 1916.

[8] La casa *Baring Brothers* había suscripto 101.093.800 de pesos oro en títulos argentinos entre 1882 y 1890. Dentro de este monto figura el empréstito de la Buenos Aires *Water Supply and Drainage Company* por 25.000.000 de pesos oro en 1888. Según las cláusulas de dicho empréstito, la casa *Baring Brothers* se comprometía a pagar 21 millones de pesos oro en tres plazos a cambio de bonos por valor de 25 millones de pesos oro. Véase Williams (2000 [1920]: 137).

colapso financiero, que comparado al de 1866 habría sido –a juicio del ministro de Hacienda inglés– "una bagatela" (Ferns, 1966: 431).[9]

Luego del salvataje, la crisis fue superada en Gran Bretaña. En cambio, no se pudieron sortear tan fácilmente las dificultades en Argentina. Los *fundamentals* no habían mejorado. El déficit no se reducía (42,2 millones de pesos) y la carga de la deuda externa pública era enorme, representando un 40% de los ingresos fiscales en 1890 (Della Paolera y Taylor, 2003: 85 y 104).

Las negociaciones para una moratoria continuaron; pero ahora con el comité encabezado por el barón Rothschild, que había sido designado por el Banco de Inglaterra para el caso *Baring Brothers*. El resultado de las negociaciones fue el Empréstito de Consolidación del 24 de enero de 1891, por 14,8 millones de libras. No obstante, la ayuda financiera estaba sujeta a condicionamientos de política económica. El gobierno nacional se comprometía a no contraer nuevas deudas durante esos años y a no aumentar sus obligaciones por ningún motivo con las provincias (Williams, 2000 [1920]: 144-145). Esto implicaba no más otorgamiento de redescuentos a las entidades bancarias.

Mientras tanto, el público en Buenos Aires, temeroso ante la posibilidad de que los bancos no pudieran funcionar sin el gobierno como prestamista de última instancia, nuevamente se volcó en forma masiva a las ventanillas del Banco Nacional y del Banco de la Provincia de Buenos Aires. El gobierno, entonces, decretó varios días de feriado bancario e intentó colocar un empréstito interno por 100 millones de pesos, cuyo producto líquido sería destinado al redescuento. Pero el resultado fue un fracaso. Solo se cobraron 28,5 millones de pesos (Terry, 1893: 192-193) y

---

[9] En 1866 tuvo lugar en Inglaterra una corrida de depósitos que puso en peligro el patrón oro. El pánico fue provocado por la quiebra de *Overend & Gurney*, una firma contratista de Watson, situada en Liverpool, de reconocido prestigio desde hacía mucho tiempo. Sobre la crisis de 1866 y 1890 en Inglaterra, véase Eichengreen (1996).

una gran parte de esta cifra "fue pagada con cheques del mismo banco para cuya asistencia se estaba emitiendo el préstamo" (Williams, 2000 [1920]: 139). El Banco Nacional y el Banco de la Provincia de Buenos Aires cerraron sus puertas a fines de abril de 1891, ante la imposibilidad de hacer frente a los retiros masivos de depósitos. La caída de estos grandes bancos oficiales repercutió en los bancos privados nacionales y extranjeros, provocándose un pánico financiero. Se produjo el quiebre del sistema bancario.

Poco después, por la ley del 16 de octubre de 1891, se creó el Banco de la Nación Argentina sobre la base del antiguo Banco Nacional. Los otros bancos –provinciales, nacionales privados y extranjeros– reabrieron sus puertas después del pánico financiero o al comenzar el siglo XX.[10] Y a ellos se sumaron nuevos bancos, que fueron surgiendo en el flamante siglo.

De esta forma, se erigió un nuevo sistema monetario (la Primera Caja de Conversión) como respuesta a la crisis. El mismo estuvo compuesto por la Caja de Conversión, el Banco de la Nación Argentina y el resto de los bancos.

El libro tiene como objetivo estudiar el comportamiento de la Primera Caja de Conversión argentina desde su origen hasta su transformación final en Banco Central (1890-1935). Propone un enfoque institucional, analizando los cambios en las reglas del juego y el desempeño del sistema monetario. Incorpora además en el análisis las finanzas públicas.

En el capítulo siguiente (I), se describen las características del sistema de Caja de Conversión. Asimismo, se propone contestar la pregunta de por qué tardó más de una década en ponerse en pleno funcionamiento.

El capítulo II exhibe el éxito del modelo durante el período del Progreso (1900-1914). Se expresa que el *boom* de las cantidades exportadas de granos y carnes, los térmi-

---

10 Solo dos bancos se mantuvieron abiertos durante el pánico financiero: el de Londres y Río de la Plata, y el Español y Río de la Plata.

nos de intercambio favorables y el restablecimiento de las corrientes de capitales fueron factores claves para el buen desempeño del sistema.

Empero la situación cambió a partir de la Primera Guerra Mundial. El capítulo III muestra las transformaciones que experimentó el modelo, a los fines de hacer frente a las consecuencias provocadas por el conflicto bélico (1914-1918).

El capítulo IV explora el comportamiento del sistema en los años veinte (1919-1928). La vuelta a las reglas básicas del modelo y el decaimiento del sector bancario, producto de la caída de los precios de las exportaciones, fueron algunos de los rasgos de comportamiento.

El capítulo V (1929-1934) examina el nuevo alejamiento del modelo de las reglas básicas, con el propósito esta vez de hacer frente al impacto de la Gran Depresión. En este contexto de transformaciones que experimentó el sistema, tomó fuerza la idea de unificar las funciones *bancocentralistas* dispersas en los distintos organismos, a los fines de coordinar la política monetaria. Así, el capítulo VI describe la creación del Banco Central de la República Argentina y las nuevas reglas de juego.

El capítulo VII proporciona algunas reflexiones finales emanadas de este estudio sobre la Primera Caja de Conversión argentina. Estas reflexiones giran en torno a tres tópicos centrales: (1) reglas versus discrecionalidad monetaria; (2) la función de prestamista de última instancia; (3) la presión del Estado por financiamiento.

Por último, acompaña al libro una base de datos, titulada "La Primera Caja de Conversión argentina en cifras, 1901-1935". En el Apéndice, se ofrece una pequeña descripción de la misma y cómo acceder a ella.

I. El sistema de caja de conversión

El sistema de caja de conversión es un sistema de tipo de cambio fijo. Una caja de conversión cambia sus notas y monedas por un activo de reserva externo (o viceversa) a una tasa constante.

La caja de conversión no tiene poder de discreción. Su política monetaria es completamente automática, consistiendo solamente en convertir sus billetes y monedas por la moneda de reserva a una tasa fija.

Otra característica de los sistemas de caja de conversión era la libertad del mercado de capitales. Una caja de conversión está preparada para transformar toda su moneda en la moneda de reserva a un tipo de cambio fijo. También debe estar preparada para aceptar montos ilimitados de moneda de reserva para ser convertidos a la moneda local. Por lo tanto, este sistema es incompatible con controles de capitales en el mercado con moneda de reserva (Schuler, 1992, cap. 1).

La Primera Caja de Conversión argentina estuvo inspirada en la experiencia de Inglaterra decimonónica. El modelo monetario inglés era un régimen mixto —metálico y fiduciario—, donde la oferta estaba compuesta por monedas de oro y billetes de banco convertibles a oro (a una relación fija de 3,1710 libras esterlinas por cada onza de oro). El Banco de Inglaterra, creado en 1694, tenía el monopolio de la emisión de billetes en Londres y en un radio de 65 millas fuera de Londres. Los *country banks* (los bancos del interior del país) emitían billetes dentro de su jurisdicción y usaban como reservas los billetes del Banco de Inglaterra. Los bancos de Londres (exclusivamente de depósitos) también tenían sus reservas en billetes del Banco de Inglaterra. En consecuencia, este banco tenía un papel dominante en la emisión de billetes y en la concentración de reservas de oro. De allí que cualquier dificultad en el sistema bancario se traducía en una presión sobre las reservas de metálico de dicha entidad, reservas estas que eran a su vez una fracción de sus depósitos (Cortés Conde, 2003, cap. 4).[1]

En los años 1836 y 1839, el público inglés se presentó a las ventanillas de los bancos de emisión reclamando la conversión de sus billetes en oro. Bajo un régimen de convertibilidad (tipo de cambio fijo), ello se tradujo en una pérdida de reservas (oro) del sistema. Estas corridas cambiarias (crisis de convertibilidad externa) abrieron paso a una controversia entre la *Currency School* y la *Banking School*. El Acta de *Peel*, sancionada en 1844, representó el triunfo de los principios de la primera de estas escuelas.[2] Por dicha institución formal, el Banco de Inglaterra quedó dividido en dos departamentos: el de emisión y el comercial. Esto significó la separación —por primera vez— entre la función de emisión y las bancarias comerciales. El Departamento de Emisión tenía ahora el monopolio de esta función.[3] Estaba obligado a seguir la regla siguiente: toda nueva emisión debía corresponder a una entrada igual de oro; y a toda salida de oro debía seguir una disminución igual de la cantidad de billetes en circulación. En el momento de sancionarse la Ley de *Peel* había 14 millones de libras papel en circulación, las cuales quedaron respaldadas con títulos públicos. Es decir, el respaldo metálico del 100% solo alcanzaba a las nuevas emisiones (incremento de la base monetaria) y no al total de la base monetaria. En cuanto al Departamento Comercial, su comportamiento no quedó reglado; los directores podían actuar discrecionalmente. Se creía que existía una relación estable entre el circulante y los depósitos, y que

---

[1] Para una descripción más detallada del sistema bancario inglés, véase Smith (1990, cap. 2).
[2] Sobre el Acta de *Peel*, véase Cortés Conde (2003, cap. 4).
[3] A los *country banks* y a los bancos escoceses libres solo se les permitía mantener en circulación una magnitud de billetes igual (no mayor) a la del momento de aprobarse la ley. Véase Smith (1990, cap. 2).

la magnitud de los segundos dependía fundamentalmente de la del primero. Por tanto, no había requerimiento mínimo legal de reservas sobre los depósitos.

El sistema en Argentina fue construido, en gran parte, siguiendo las reglas del juego estipuladas por la ley de *Peel*. Dicho sistema estuvo compuesto por la Caja de Conversión (una copia del Departamento de Emisión del Banco de Inglaterra), el Banco de la Nación Argentina (una copia del Departamento Comercial del Banco de Inglaterra), y los otros bancos nacionales (públicos, mixtos y privados) y extranjeros. Pero este modelo monetario tardó una década en ponerse en funcionamiento. La demora pudo estar vinculada a dos acontecimientos: al tiempo que tardó en dar frutos el modelo de crecimiento, basado en las exportaciones de carnes y cereales; y al tiempo que llevó refinanciar la totalidad de la deuda contraída en los años ochenta.

Pasemos al análisis de las características del sistema y a las condiciones necesarias para su puesta en funcionamiento.

I.1. Las características del sistema

I.1.1. La Caja de Conversión

Por la Ley 2741 del 7 de octubre de 1890, se dispuso la creación de una caja de conversión sobre la base de la Oficina Nacional de Bancos Garantidos. También se dispuso que "todas las operaciones de emisión, conversión o amortización de moneda de curso legal se harán por intermedio de la Caja de Conversión, en la forma y modo establecidos por las leyes respectivas".[4] Esto significa que el Estado nacional se hacía cargo –a través de la Caja– del papel moneda de curso legal, el cual

---

[4] Ley 2741 del 7/10/1890, arts. 1 y 4. En *Anales*, 1954, pp. 212-213.

había sido un pasivo de los bancos comerciales de emisión (bancos garantidos). De este modo, se pasaba de un sistema de emisión descentralizado a uno centralizado, bajo el control gubernamental.

Más tarde, complementando las disposiciones de la Ley 2741, se dictaron las leyes 3062 del 5 de enero de 1894 y 3505 del 17 de septiembre de 1897. Por la primera, se autorizó "al P.E. para que proceda a renovar, parcial y sucesivamente, a medida que el uso del billete lo exija, la moneda fiduciaria actualmente en circulación, a cargo de la Nación", por nuevos papeles. Se estableció además que la impresión de estos "será de una sola forma y clase" y contendrá la leyenda "la Nación pagará al portador y a la vista [...] pesos moneda nacional".[5] Y, por la segunda de las leyes, se puso un plazo máximo de tres años para la sustitución total de los billetes.[6]

Las operaciones de conversión y emisión por parte de la Caja de Conversión se hicieron esperar. El cuadro I.1 muestra el comportamiento del tipo de cambio y los precios. Como puede observarse, el tipo de cambio exhibió una clara tendencia a la baja a partir de 1896. El descenso fue del 10,07% promedio anual entre 1895 y 1899. Dicho descenso se trasladó a los precios, registrando estos una caída del 6,1% promedio anual entre esos años.

---

[5] Ley 3062 del 5/1/1894, arts. 1, 3 y 4. En *Anales*, 1954, p. 276.
[6] Ley 3505 del 17/9/1897, arts. 1 y 2. En *Anales*, 1954, p. 377.

Cuadro I.1. Tipo de cambio y nivel de precios, 1891-1899
Tipo de cambio expresado en m$n por $ oro (promedio anual).
Índice de precios al consumidor (1886=100)

	Tipo de cambio	Nivel de precios
1891	3,87	151,8
1892	3,32	157,4
1893	3,24	163,1
1894	3,57	168,7
1895	3,44	174,4
1896	2,96	180,0
1897	2,91	165,1
1898	2,58	150,3
1899	2,25	135,4

Fuente: Ferreres (2005).

En el marco de este escenario deflacionario, cerca de 1897, comenzó un debate sobre el retorno a la convertibilidad. La Ley 3871 del 31 de octubre de 1899 puso punto final a la discusión. En primer lugar, dispuso la convertibilidad al tipo de cambio vigente en ese momento en el mercado (2,27 pesos papel por peso oro)[7]. Así, expresaba: "La Nación convertirá toda la emisión fiduciaria actual de billetes de curso legal en moneda nacional de oro, al cambio de un peso moneda nacional de curso legal por cuarenta y cuatro centavos de pesos moneda nacional oro sellado".[8] Es decir, en conformidad con la nueva ley, la Argentina pasaba a operar bajo un patrón mixto metálico-fiduciario, donde la

---

[7] Obsérvese que la vuelta a la convertibilidad no se dio a la vieja paridad de 1 a 1, como establecía la Ley 2741 de 1890.
[8] Ley 3871 del 31/10/1899, art. 1. En *Anales*, 1954, p. 473.

oferta monetaria estaba compuesta por monedas metálicas y billetes de banco convertibles a una relación fija con el peso oro (2,27 pesos papel por peso oro).

En segundo lugar, dicha ley estableció un respaldo metálico del 100% sobre la emisión adicional (el principio de la *Currency School*). Al igual que lo hacía el Departamento de Emisión del Banco de Inglaterra,

> la Caja de Conversión emitirá y entregará, a quien lo solicite, billetes moneda de curso legal por moneda de oro sellado, en la proporción de un peso moneda de curso legal por cuarenta y cuatro centavos de pesos oro sellado, y entregará el oro que reciba por este medio, a quien lo solicite, en cambio de moneda de papel, al mismo tipo de cambio.[9]

Esto significa que los cambios en la base monetaria debían reflejar estrictamente los movimientos de la moneda de reserva (entrada y salida de oro). Toda expansión o contracción en la cantidad de billetes en circulación se debía corresponder con una variación exacta en la cantidad de moneda de reserva.

Como claramente se desprende de los párrafos anteriores, las autoridades económicas escogieron –a través del sistema de caja de conversión– la combinación de política de tipo de cambio fijo y ausencia de independencia monetaria, lo que implicaba mercado de capitales abierto (es decir, estaba prohibido el establecimiento del control de cambio). Esta elección de política (tipo de cambio fijo y cuentas de capitales abiertas, con autonomía monetaria limitada) era acorde a las reglas de la época; esto es: las reglas del patrón oro clásico.

La renunciación de independencia monetaria, por su parte, significó que quedaran prohibidos los préstamos a los bancos y los adelantos al gobierno. No obstante, los diseñadores de la política económica trataron de compensar

---

[9] Ley 3871 del 31/10/1899, art. 7. En *Anales*, 1954, p. 473.

tal limitación a través de otorgar al Banco de la Nación funciones a medias de Banco Central (funciones bancocentralistas), como se verá más adelante.

Finalmente, a diferencia de la ley inglesa de 1844, la Ley 3871 del 31 de octubre de 1899 facultaba al Poder Ejecutivo "a formar una reserva metálica que se llamará 'Fondo de Conversión'",[10] que estaría destinada a respaldar los 293 millones de pesos en billetes que ya estaban en circulación. La intención de esta disposición, por tanto, no era solo alcanzar un respaldo marginal del 100% sobre la base monetaria (nueva emisión), sino un respaldo del 100% sobre la totalidad de la base monetaria. Esto es un claro rasgo de las Cajas de Conversión ortodoxas modernas.[11] No obstante, independientemente de las intenciones, la Caja de Conversión contaría con reservas extra (el Fondo de Conversión).

En cuanto a los recursos de los cuales se nutriría el Fondo de Conversión, se establecían los siguientes:

1°- Cinco por ciento de impuesto adicional a la importación.

2°- Las utilidades del Banco de la Nación.

3°- El producto anual de la liquidación del Banco Nacional, después de pagos los gastos de administración y el servicio de los títulos y deudas del Banco.

4°- El producido de la venta del Ferrocarril Andino y de La Toma.

5°- Los 6.967.650 de pesos oro en cédulas nacionales a oro de propiedad de la Nación.

6°- Los demás recursos que se destinen anualmente a este objeto en el presupuesto general.[12]

---

[10] Ley 3871 del 31/10/1899, art. 3. En *Anales*, 1954, p. 473.
[11] Sobre las Cajas de Conversión modernas, véase Schuler (1992).
[12] Ley 3871 del 31/10/1899, art. 4. En *Anales*, 1954, p. 473.

La Ley 3871 del 31 de octubre de 1899 establecía, además, que "estos recursos serán depositados en el Banco de la Nación [...]".[13]

I.1.2. El Banco de la Nación Argentina

El Banco de la Nación Argentina fue creado por la Ley 2841 del 16 de octubre de 1891 sobre la base del antiguo Banco Nacional. Dicha ley estableció que su capital "será de cincuenta millones de pesos moneda nacional, representado por quinientas mil acciones de cien pesos cada una, que serán ofrecidas a subscripción pública". Asimismo, dispuso que "el Directorio provisorio entregará a la Caja de Conversión un bono por el importe de las quinientas mil acciones, que se canjeará oportunamente por las acciones definitivas al portador". A cambio, se dijo que "la Caja de Conversión anticipará al Banco el valor nominal de dichas acciones, a medida que lo pida el Directorio [...]".[14] Es decir que por la Ley 2841 se facultó a la Caja de Conversión a emitir por el importe del capital autorizado del Banco de la Nación Argentina (50 millones de pesos moneda nacional), teniendo como contrapartida un bono público. Esto "sugiere la existencia de una cierta flexibilidad monetaria de parte del gobierno, a pesar de la aparente ortodoxia monetaria" (Salama, 1998: 367). En defensa de esta emisión, se argumentó en el Congreso que en situaciones de crisis no quedaba otra alternativa, citándose como ejemplo la autorización para emitir sin respaldo dada al Banco de Inglaterra durante el Viernes Negro (*Black Friday*) del año 1844.[15]

---

[13] Ley 3871 del 31/10/1899, art. 5. En *Anales*, 1954, p. 473.
[14] Ley 2841 del 16/10/1891, arts. 2, 18 y 19. En Banco de la Nación Argentina. 1941. *El Banco de la Nación Argentina en su Cincuentenario*. Buenos Aires: Talleres Gráficos de Guillermo Kraft Ltda. S.A., 204-205. [En adelante, BNA, 1941].
[15] Esta emisión es conocida como el *bill* de Sir Roberto *Peel*. Véase BNA, 1941, p. 194.

Empero, la venta de acciones al público fue un fracaso. No se llegó a colocar la primera serie de 10 millones de pesos, a pesar de las distintas prórrogas. De allí que el Poder Ejecutivo dictó un decreto, con fecha del 30 de junio de 1892, por el cual dejaba sin efecto la suscripción pública.[16] Ello colocó al Banco en una situación confusa, al apartarse de la Ley 2841. Tal situación recién se aclaró con la Ley 4507 del 30 de septiembre de 1904, que decía:

> Los 50 millones de pesos que fueron entregados al Banco de acuerdo con la Ley número dos mil ochocientos cuarenta y uno, constituirán su capital, quedando cancelada la deuda que por este concepto reconocía, así como el bono por quinientas mil acciones entregado a la Caja de Conversión.[17]

Es decir, el Banco quedó convertido por ley en una entidad pública. Su directorio se compondría "de un Presidente y seis Vocales nombrados por el Poder Ejecutivo, con acuerdo del Senado" y la nación respondería "directamente de los depósitos y operaciones que realice el Banco".[18]

A diferencia del Departamento Comercial del Banco de Inglaterra, el Banco de la Nación estuvo sujeto a regla. Al parecer los diseñadores de política económica en Argentina no hicieron oídos sordos a las críticas de la Ley de *Peel* acerca de dejar librado a la prudencia de los banqueros el respaldo metálico sobre los depósitos.[19] En tal sentido, la Ley 2841 del 16 de octubre de 1891 dispuso la obligación al Banco de la Nación de mantener "un encaje que represente el 25% de las sumas a que asciendan sus depósitos". Y la Ley reformatoria 4507 del 30 de septiembre de 1904 ratificó

---

[16] Véase BNA, 1941, pp. 217-218.
[17] Ley 4507 del 30/9/1904, art. 2. En BNA, 1941, p. 232.
[18] Ley 4507 del 30/9/1904, arts. 4 y 10. En BNA, 1941, p. 232.
[19] Una vez entrada en vigor la Ley de *Peel*, las corridas ya no fueron cambiarias sino bancarias en Inglaterra, como la de 1847. El público, temiendo que los bancos se quedaran sin reservas en billetes del Banco de Inglaterra, corrían a retirar sus depósitos. Esto condujo a serias críticas a la Ley de *Peel*.

dicho requerimiento, expresando: "el Banco estará obligado a tener un encaje que represente, a lo menos, el veinticinco por ciento del total de sus depósitos".[20]

Como se dijo en el apartado anterior, los diseñadores de la política económica trataron de compensar la limitación de la ausencia de independencia monetaria, a través de otorgar al Banco de la Nación funciones a medias de Banco Central (bancocentralistas). En tal sentido, el Banco de la Nación fue autorizado, desde sus inicios, a prestar al gobierno nacional y al resto de los bancos.

En relación con la primera autorización, la Ley 2841 de 1891 decía que "el Banco no podrá hacer préstamos a ningún gobierno ni a municipalidad, con excepción del Gobierno Nacional, al cual no se le podrá acordar mayor suma de dos millones de pesos [...]". Y a manera de contraprestación –decía– "quedarán a su cargo todas las operaciones encomendadas al [...] Banco Nacional sobre servicios de empréstitos nacionales, se depositarán en sus cajas las rentas fiscales, depósitos judiciales y depósitos de administraciones públicas."[21] La reforma de 1904, por su parte, expresaba:

- El Directorio no podrá hacer préstamos a ningún poder público ni municipalidades, con excepción del Gobierno Nacional, cuyo crédito no podrá exceder del veinte por ciento del capital del Banco.
- Podrá [...] emplear hasta el veinte por ciento de sus fondos en títulos de deuda pública nacional adquiridos en el mercado, pero no tomar empréstitos públicos por cuenta propia.

---

[20] Ley 2841 del 16/10/1891, art. 16, y Ley 4507 del 30/9/1904, art. 11. En BNA, 1941, pp. 205-232. Es de señalar que un decreto del 30 de junio de 1892 estipuló un encaje del 75% sobre sus depósitos y otro decreto del 7 de junio de 1895 derogó el anterior, volviendo al 25% establecido por la ley del 16 de octubre de 1891. Véase BNA 1941, pp. 214-215.

[21] Ley 2841 del 16/10/1891, arts. 10 y 22. En BNA, 1941, pp. 204-205.

- En las cajas del Banco y sus sucursales se depositará: Las rentas fiscales, los dineros judiciales, los de todas las administraciones públicas [...]
- El Banco será el agente financiero del Gobierno para las operaciones de cambio y cualquiera otra que realice, toda vez que este lo requiera.[22]

En cuanto a la facultad de prestar al resto de los bancos, la Ley 2841 de 1891 otorgaba este derecho de propiedad con un límite superior. Así, decía: "El Banco podrá redescontar documentos de la cartera de otros bancos que funcionen en condiciones regulares, hasta 500.000 pesos a cada Banco [...]". Y la ley reformatoria de 1904 mantuvo la facultad de "redescontar documentos de la cartera de otros bancos", pero sin fijar un máximo legal a este tipo de operación.[23] Debe aclararse que el término redescuento es utilizado aquí para referirse a "un préstamo de un banco a otro, es decir, una operación de crédito acordada por nuestra institución (el Banco de la Nación) [...] con garantía de documentos de la cartera del banco prestatario".[24] En otras palabras, se trataba de un préstamo interbancario; no tenía como contrapartida la creación de dinero primario.

Por último, y en concordancia con el papel que el Banco de la Nación debía cumplir en el sistema, la Ley 4507 de 1904 le otorgó libertad absoluta para expandirse a lo largo del territorio nacional. En tal sentido, manifestaba: "El Banco tendrá sucursales en todas las capitales de provincia y podrá establecerlas en las ciudades o pueblos que el Directorio crea conveniente".[25]

---

[22] Ley 4507 del 30/9/1904, arts. 12 a 16. En BNA, 1941, pp. 232-233.
[23] Ley 2841 del 16/10/1891, art. 12, y Ley 4507 del 30/9/1904, art. 14. En BNA, 1941, pp. 204 y 233.
[24] BNA, 1941, p. 319.
[25] Ley 4507 del 30/9/1904, art. 9. En BNA, 1941, p. 232.

Para 1914, el Banco de la Nación ocupó un lugar dominante en el sistema: sus depósitos y préstamos representaron casi la mitad del total; y el número de sucursales alcanzó 233 en todo el país (más de la mitad del total).[26]

I.1.3. El resto de los bancos

Como se dijo, el resto de los bancos estaba conformado por entidades nacionales privadas y públicas (o mixtas) y extranjeras. Como ejemplo de bancos nacionales privados existentes en este período podemos mencionar el Banco Español del Río de la Plata, el Francés del Río de la Plata, y el de Italia y Río de la Plata. Y como ejemplo de extranjeros, el de Londres y Río de la Plata (luego de Londres y América del Sur) y el Alemán Transatlántico. Más tarde, con el correr del siglo XX, aparecieron nuevos bancos privados nacionales y extranjeros. Y se sumaron también las entidades públicas (o mixtas) nacionales, que abrieron (o reabrieron) sus puertas en la primera década del siglo XX.

El número de bancos nacionales era mayor a los extranjeros, una característica del sistema. En concordancia con ello, los bancos nacionales (excluido el Banco de la Nación) representaban el 29% del total de depósitos[27] y el 39% de los préstamos en diciembre de 1914.

Finalmente, el resto de los bancos estaba reglado por sus propios estatutos. Recién con la sanción de la Ley 12.156 en 1935, se creó una regla general para los bancos comerciales (incluido el Banco de la Nación).

---

[26] Véase Apéndice y Regalsky (2010).
[27] El total incluye Banco de la Nación Argentina + otros bancos nacionales + bancos extranjeros.

I.2. Las condiciones necesarias

La pregunta a contestar aquí es por qué tardó una década en ponerse plenamente en funcionamiento la Primera Caja de Conversión. El éxito y la supervivencia del sistema dependían, en gran parte, de la entrada de moneda de reserva a través de la balanza de pagos. De allí que resultaba necesario que el modelo de crecimiento basado en las exportaciones de carnes y granos diera su fruto (el *boom* de las exportaciones). También resultaba necesario reestructurar la deuda externa, dado que era imposible cumplir con los compromisos de pago estipulados en el Empréstito de Consolidación de 1891. El no *default* externo era un elemento clave para sostener la confianza de los inversores externos.

I.2.1. El modelo de crecimiento

El modelo de crecimiento basado en las exportaciones de carnes y cereales tuvo su inicio en la década de 1880 cuando se dio un cambio favorable en la coyuntura externa. Los avances tecnológicos en la navegación posibilitaron una disminución de los costos de transporte en barco a vapor. Asimismo, los nuevos barcos equipados con cámaras frigoríficas posibilitaron el traslado de carnes congeladas y refrigeradas de las zonas productoras a las zonas consumidoras. Todo ello se tradujo en un aumento de la demanda de carnes en el mercado internacional y, por ende, en su precio. A esto se le sumó la consolidación del Estado nacional argentino (con Julio A. Roca como presidente), lo cual brindó una mayor garantía de los derechos de propiedad adquiridos. Frente a los nuevos acontecimientos, el ganadero argentino –ubicado geográficamente en la región pampeana- comenzó a incorporar la explotación del ganado vacuno refinado en sus tierras.[28]

---

[28] Hasta ese momento el *stock* ganadero estaba compuesto de vacuno no refinado y ovino.

Esta nueva actividad requería una gran inversión en reproductores, instalaciones ganaderas e implantación de pasturas (alfalfa). Esto último se llevó a cabo a través del sistema de arrendamiento en las grandes estancias y latifundios. El ganadero ofrecía en alquiler fracciones de sus tierras, que se iban rotando. En general, el contrato de arrendamiento tenía una duración de tres años. Se estipulaba la siembra de lino en el primer año, la de trigo en el segundo y la de maíz junto con alfalfa en el tercero (Cortés Conde, 1997: 59.)

El régimen de tenencia de tierra era altamente concentrado. De 300.000 explotaciones agropecuarias censadas en 1914, el 7% tenían una extensión entre 1000 y 5000 hectáreas –se trataba de grandes estancias– y concentraban el 30% de la tierra. Por encima de las 5000 hectáreas estaban los latifundios. En la provincia de Buenos Aires, ellos no alcanzaban al 1% y sumaban un 30% de la tierra. Pero esta alta concentración no quitaba la existencia de una gran cantidad de productores de tamaño medio, que operaban unidades de entre 200 y 1000 hectáreas (Miguez, 2008: 278.)

Este modelo combinado de ganadería/agricultura requirió una transformación en la función de producción; es decir, un cambio en la dotación de los factores iniciales (tierra, trabajo y capital). Y esto llevó tiempo.

Tierra

Hasta fines del siglo XIX, "el territorio argentino efectivamente ocupado" (la frontera) pasaba

> por una línea que cruzaba el país desde los Andes hasta el Atlántico y unía aproximadamente, San Rafael en Mendoza, Río Cuarto, La Carlota y Fraile Muerto (Bell Ville) en Córdoba, Melincue en Santa Fe, recostándose luego, al llegar a Buenos Aires, hacia el sur, por Junín y el río Salado (Cortés Conde, 1997: 47).

Con la Campaña del Desierto, en 1880, la frontera se desplazó: se anexaron unos 30 millones de hectáreas, "casi la mitad de la oferta hasta entonces disponible" (53). Los nuevos territorios se ubicaban en el oeste y sur de Buenos Aires, sur de Córdoba, La Pampa y Río Negro.

Con las nuevas hectáreas (30 millones), el factor tierra se convirtió en un recurso variable hasta aproximadamente el comienzo de la Primera Guerra Mundial. Esto explica la acentuada tendencia ascendente que presenta la superficie cultivada: de 0,8 millones en 1880 se pasó a 21 millones de hectáreas cultivadas en 1912 (véase gráfico I.1). Y esto, por su parte, contribuye a explicar el crecimiento de las exportaciones en el período. El cuadro I.2 presenta un modelo de regresión compuesto por el valor de las exportaciones (como variable dependiente) y la superficie cultivada (como variable independiente). El resultado arrojado por la regresión lineal muestra que existe un efecto con un retardo de un año de la superficie cultivada sobre el valor de las exportaciones. Es decir: el crecimiento de las exportaciones obedecía al aumento de la superficie cultivada, lo cual fue posible dado que la oferta de tierras no fue fija.

Gráfico I.1. Superficie cultivada. Región Pampeana, 1880-1912
Millones de hectáreas cultivadas

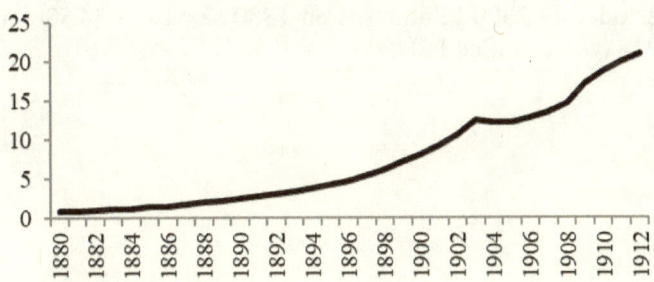

Fuente: Cortés Conde (1979: 178).

Cuadro I.2. Modelo de valor de las exportaciones y superficie cultivada

Variable dependiente EXPO	
Variables independientes	
SUPCULT(-1)	4,26 (23,6)
C	7,43 (4,6)
Número de observaciones	32
R cuadrado	0.95
Media de la variable dependiente	36,4
Error estándar de la regresión	0.18
Estadístico Durbin-Watson	1,665
Test Dickey Fuller para los residuos	-4,8(0,0001)
Prueba Jarque Bera	4,72 (0,09)

Nota: los estadísticos t en valores absolutos se presentan entre paréntesis para los coeficientes de la regresión.

Capital

El ferrocarril fue el principal exponente del capital en el siglo XIX. El tendido de la red fue en aumento a lo largo del período: de 2300 kilómetros en 1880 se pasó a 34.500 en 1914 (véase gráfico I.2).

Gráfico I.2. Red ferroviaria, 1880-1914
Miles de kilómetros

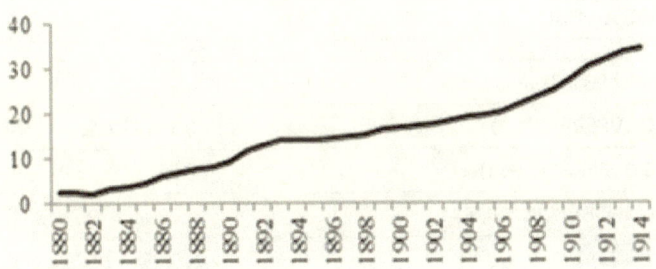

Fuente: Vázquez Presedo (1971: 105).

Como se menciona reiteradamente en la literatura, el ferrocarril jugó un papel central en el modelo de crecimiento.[29] El traslado de la mano de obra desde el puerto o desde otras regiones del país hacia la zona productora de cereales, así como el traslado de la misma producción hacia el puerto requerían del ferrocarril. De allí que es posible establecer una relación de dependencia de la superficie cultivada con el ferrocarril. Para determinar este grado de dependencia se construyó un modelo econométrico simple. Se realizó una regresión de series de tiempo sobre la superficie cultivada explicada por dos variables: líneas férreas y población rural. Todas las variables están expresadas en logaritmos. Los resultados se presentan en el cuadro I.3. La inferencia principal extraída del modelo respecto al ferrocarril es que efectivamente existió un grado de dependencia: hay un efecto con un retardo de un año y otro efecto aun mayor, con un retardo de once años de las líneas férreas sobre la superficie cultivada (con coeficientes de 0,38 y 0,56 respectivamente). ¿Cómo interpretar estos resultados?

---

[29] Uno de los primeros trabajos en establecer una relación entre exportaciones y ferrocarril es el de Ford (1966).

Cuadro I.3. Modelo de superficie cultivada, líneas férreas y población total

Variable dependiente **LOGSUPCULT**	
Variables independientes	
LOGVFERREAS(-1)	0.381292 (2.141468)
LOGVFERREAS(-11)	0.564148 (16.02328)
LOGPOBLACIONRURAL	1.290844 (2.764334)
C	-11.22961 (-5.022341)
Número de observaciones	21
R cuadrado	0.996574
Media de la variable dependiente	0.925989
Error estándar de la regresión	0.017834
Estadístico Durbin-Watson	1.058200
Test Dickey Fuller para los residuos	-3.928957 (0.0086)
Prueba Jarque Bera	0.068939 (0.351435)
Test Breush Godfrey	2.323553 (0.1300)
Test White- Heterocedasticidad	0.737660 (0.6449)

Nota: los estadísticos t en valores absolutos se presentan entre paréntesis para los coeficientes de la regresión.

En el caso de la provincia de Buenos Aires, las nuevas tierras que entraban a la actividad económica "eran vastas planicies cubiertas por altos pajonales, muchas veces con bajos pantanosos, que dejaban poca luz para la subsistencia de gramíneas, y por zonas de pastos duros" (Cortés Conde, 1997: 56). Esto exigía la limpieza de las tierras antes de la siembra de cereales y pasturas para la ganadería productora de carnes. Entonces, "el ganadero comenzaba quemando parte del campo" para su limpieza, en lugar de contratar el factor trabajo que era escaso y, por ende, caro (56). Seguidamente, "hacía entrar allí al rústico vacuno criollo que comía y pisaba los pastos duros, y deyectaba" (56). A partir de aquí, la tierra quedaba lista para ser sembrada. Así el trabajo previo de limpieza –"el incendio sucesivo y el continuo pasar del ganado"– (61) ayudaría a esclarecer el efecto con un retardo de un año del ferrocarril sobre la superficie cultivada.

En cuanto al efecto tardío de once años, estaría relacionado con el tiempo que tardó el ferrocarril en difundirse. El diseño de la red ferroviaria en la Argentina, como se sabe, era en forma de abanico donde las líneas principales confluían en el puerto de Buenos Aires. Y fue recién a fines del siglo XIX cuando se logró terminar este trazado. Ello podría explicar, en gran parte, la demora de más de una década observada. La forma de la red podría generar que vías antiguas tuvieran efecto en algunos territorios sobre la superficie cultivada solo cuando la conectividad se hubiera consolidado.

Trabajo

El trabajo fue el otro factor clásico que alcanzó una magnitud sorprendente. Según el primer censo nacional de 1869, vivían en la Argentina 1,8 millones de personas, "lo que para el inmenso territorio nacional significaba 0,43 habitantes por kilómetro cuadrado" (Gerchunoff y Llach, 2003: 13-14). Para 1895, el número de habitantes había ascendido a 4 millones, lo que implica un crecimiento promedio anual de 3,1% (Vázquez Presedo, 1971: 15). Y para 1914 la población ya era de 7,9 millones; es decir que el ritmo de crecimiento promedio anual fue de 3,6% entre 1895 y 1914 (16). En esta población, por su parte, predominaban las personas en edad de trabajar. Según los censos de 1895 y 1914, el 55% y el 56% de la población –respectivamente– tenía entre 15 y 60 años (19).

Dado que la Argentina era claramente un *espacio vacío*, es de esperar que la contribución de la inmigración extranjera (fundamentalmente italianos y españoles) en el aumento de la población haya sido importante. En efecto: fue del 44,19% en el aumento de la población de 1895 en relación con 1869 (2,2 millones) y del 52,98% en el de 1914 respecto a 1895 (3,9 millones) (Vázquez Presedo, 1971: 15-16). Es de señalar, además, que la inmigración tuvo mayor incidencia en la población económicamente activa. Según los censos de 1895 y 1914, más del 80% de la población no nativa tenía entre 15 y 60 años y el 64% eran varones (15-19).

Veamos la contribución del factor trabajo al modelo de crecimiento. Queda claro hasta aquí que la expansión de las exportaciones, basada en la combinación cereales/carnes, dependió significativamente de la expansión de la superficie cultivada (véase cuadro I.2). Esta expansión, a su vez, fue posible gracias al crecimiento de las vías férreas, así como también al aumento extraordinario del factor trabajo. El cuadro I.3 prueba esta última proposición. Además del ferrocarril, se tiene en cuenta la población rural (como variable empírica del factor trabajo) para explicar la superficie cultivada. Dicha variable muestra una tendencia ascendente a lo largo del período: de 1,7 millones de personas en 1880 se pasó a 3,7 millones en 1914 (véase gráfico I.3). Los resultados del modelo, por su parte, revelan que el factor trabajo tuvo un efecto inmediato sobre la superficie cultivada, con un coeficiente de 1,29. El R cuadrado del modelo, además, es de 0,99.

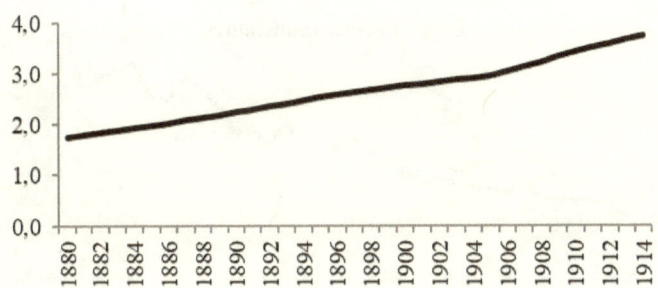

Gráfico I.3. Población rural 1880-1914
Millones de personas

Fuente: Ferreres (2005).

Así, se produjo la transformación de la función de producción. La cantidad de ventas al exterior muestra una tendencia ascendente a lo largo del período, pero fue a partir de 1898 aproximadamente cuando esa tendencia se acentuó. En ese año la exportación a precios constantes es 2,2 veces mayor que la de 1880. El valor de las exportaciones a precios corrientes, por su parte, exhibe un comportamiento similar, aunque es más notoria la aceleración a partir de 1898. Presenta una tendencia suavemente ascendente hasta 1898 aproximadamente y a partir de allí una tendencia fuertemente creciente. En 1899 el valor de las exportaciones triplica al de 1880 (véase gráfico I.4). De este modo, es posible sugerir que los frutos del modelo de crecimiento basado en la combinación agricultura/ganadería se recogieron recién a fines de los noventa del siglo XIX. Las exportaciones de cuero y de lana –los viejos bienes primarios exportables– redujeron su importancia para dar lugar a las carnes y cereales (trigo, maíz y lino).

Gráfico I.4. Exportaciones, 1880-1913
Millones de Libras Esterlinas

Fuente: Reyes (2014).

I.2.2. La refinanciación de la deuda externa

Otra condición que parecía necesaria para la puesta en marcha del modelo monetario fue la refinanciación de la deuda externa contraída en los ochenta. Y esto también tomó tiempo.

Como se mencionó en la introducción, el 24 de enero de 1891 el gobierno de Pellegrini –en plena crisis– celebró el Empréstito de Consolidación con el comité encabezado por el barón Rothschild. Las disposiciones principales fueron:

- El monto del Empréstito era de 75 millones de pesos oro (14,8 millones de libras).
- El interés establecido era del 6%, garantizado por la recaudación aduanera.
- Se debía comenzar a pagar los servicios del Empréstito a partir de 1894, por treinta años.
- En los tres años de gracia (desde el 1° de enero de 1891 hasta el 1° de enero de 1894), se harían todos los pagos de intereses por garantías ferroviarias y por la deuda externa nacional en títulos de este Empréstito, con excepción de los correspondientes al empréstito del 5% de 1886.

Apenas asumió la presidencia Luis Sáenz Peña (en 1892), el ministro de Hacienda Romero se ocupó del tema de la deuda externa. Su preocupación era que resultara imposible cumplir con los plazos y montos estipulados en el Empréstito de Consolidación de 1891. Para entender dicho temor, consideremos los tres puntos siguientes:

- El período de gracia del Empréstito solo era de tres años; se debía comenzar a pagar a partir de 1894 por un plazo de 30 años.
- La cifra del Empréstito, "comparada con el volumen de empréstitos nacionales en circulación en el exterior, resulta superior al 30% por consiguiente bastante mayor a los servicios por pagar en los tres años siguientes" (Arcondo y Arnaudo, 1989: 11).
- El interés resultaba un 20% por encima de las tasas de interés aplicadas al endeudamiento argentino en los años anteriores.

Tales exigencias ayudan a entender la intención de Romero de reestructurar la deuda externa antes de cumplidos los tres años de gracia.

El nuevo acuerdo con Rothschild, conocido como el *Arreglo Romero*, comenzó a gestarse en noviembre de 1892, culminó en julio del año siguiente y fue perfeccionado por la sanción de la Ley 3051 a fines de 1893 (Arcondo y Arnaudo, 1989: 12). El cuadro I.4 muestra los 14 empréstitos nacionales incluidos en el Arreglo, que suman un total de 222,5 millones de pesos oro (44 millones de libras). Según sus disposiciones principales:

- Se concedía una moratoria de ocho años para la amortización del capital; es decir, se comenzaría a pagar la amortización de los empréstitos nacionales a comienzos de 1901.
- Se establecía "una rebaja de la tasa de interés a un 60% de lo pactado originariamente para 11 de los 14 empréstitos incluidos en el arreglo" durante los primeros cinco años (julio de 1893 a junio de 1898) (Arcondo y Arnaudo, 1989: 12).
- Se preveía que los tres empréstitos restantes pagarían el 80% y 83% de los intereses, pero que la diferencia con el monto total se abonaría en 1898.
- Se "obligaba al Gobierno nacional al pago de una comisión anual un poco menor del 1% sobre los intereses abonados, y no sobre el capital o el importe total de los intereses" (12).

El pago de los servicios se hizo puntualmente; más aun, Argentina comenzó a pagar los intereses totales un año antes de lo pactado.

Cuadro I.4. Empréstitos incluidos en el Arreglo Romero, 1893
Montos de los empréstitos expresados en Libras

N°	Designación	Cantidad en circulación
1	Empréstito 5% 1886	7.582.000
2	Empréstito Aguas Corrientes, 5%	6.324.400
3	Empréstito Consolidado, 6% (1891)	6.593.000
4	Empréstito Ferrocarril, 6%, 1881	375.440
5	Empréstito 1824, 6%	166.257
6	Empréstito 5%, 1884	1.471.500
7	F. Central Norte, 5%	3.768.100
8	Billetes Tesoro, 5%, 1887	585.150
9	F. C Norte, 2da Serie	2.863.580
10	Banco Nacional, 5%, 1887	1.887.301
11	Puerto Buenos Aires, 5%	1.384.700
12	Deuda Interna, 1888, 4,5%, cotización Londres.	3.674.087
13	Conversión Externa, 4,5%	5.030.080
14	Conversión Externa 3,5%	2.447.280
	Total	44.152.875

Fuente: García Vizcaino (1972: 145).

Fuera del Arreglo Romero quedaron dos categorías de deudas importantes: las garantías ferroviarias[30] y las deudas de las provincias con el exterior. Durante el gobierno de Luis Sáenz Peña, se

---

[30] Es decir, garantía de ganancia que el gobierno argentino les otorgaba a las empresas ferroviarias.

hicieron esfuerzos dirigidos a dar respuestas a estas cuestiones. Al finalizar dicha gestión, se encontraba funcionando una Comisión Investigadora de Ferrocarriles Garantidos y se había aprobado una ley de unificación que nacionalizaba las obligaciones de las provincias. Pero la solución definitiva a dichas obligaciones se hizo esperar hasta la sanción de las Leyes 3350 del 10 de enero y 3378 del 5 de agosto de 1896 bajo el gobierno de Uriburu. La primera de ellas aprobó los contratos celebrados entre el Ministerio del Interior y siete empresas, autorizando la compra de las garantías ferroviarias por medio de títulos públicos. Esta autorización se extendía a tres compañías más cuyos contratos aún estaban pendientes. Así dicha ley expresa:

> Art. 1. Apruébanse los contratos ad-deferendum celebrados por el P. E. con los ferrocarriles Nordeste Argentino, San Cristóbal a Tucumán, Argentino del Este, Bahía Blanca y Noroeste, Noroeste Argentino de Villa Mercedes a La Rioja, de Villa María a Rufino y Buenos Aires al Pacífico, estableciéndose en ellos que las empresas no podrán poner en vigencia las tarifas sin la aprobación del P. E. de acuerdo con las leyes y contratos respectivos. [...]
>
> Art. 2. Autorízase al P. E. para emitir hasta 50.000.000 de pesos moneda nacional oro, o su equivalente en libras, francos o marcos, en títulos de deuda externa de 4% de interés anual y ½% de amortización acumulativa por sorteo o licitación. La Nación se reserva el derecho de aumentar el fondo amortizante en cualquier tiempo.
>
> Art. 3. Estos títulos serán invertidos en el cumplimiento de los contratos a que se refiere el art. 1°, en los arreglos pendientes con los ferrocarriles Gran Oeste Argentino, Trasandino y Central Córdoba [...].[31]

Entre agosto de 1896 y mayo de 1898, el Estado finalmente cerró los contratos pendientes con los ferrocarriles Gran Oeste Argentino, Trasandino y Central Córdoba. El total de títulos emitidos para la compra de las garantías alcanzó la cifra de 50,7 millones de pesos oro (véase cuadro I.5). Y los resultados fueron que "los

---

[31] Ley 3350 del 10/1/1896, arts. 1 a 3. En *Anales*, 1954, pp. 359-360.

ferrocarriles garantidos desaparecieron y la red quedó conformada con ferrocarriles estatales y ferrocarriles privados regulados" (Gerchunoff, Rochi y Rossi, 2008: 274).

Cuadro I.5. El arreglo de las garantías ferroviarias
La garantía está expresada en porcentaje, el plazo en años y los títulos en millones de pesos oro

FF.CC.	Fecha de la ley original	Garantía	Plazo	Fecha del arreglo	Títulos 4,5% emitidos para rescisión
Buenos Aires al Pacífico	05/11/1872	7	20	19/11/1895	1,9
Gran Oeste Argentino	05/11/1872	7	20	ago-96	2,5
Trasandino	05/11/1872	7	20	oct-97	6,4
Argentino del Este	12/08/1869	7	40	23/11/1895	3,8
Nordeste Argentino	04/11/1886	6	20	12/11/1895	11,5
Villa María a Rufino	06/09/1886	6	11	21/11/1895	1,9
Noroeste Argentino	15/10/1887	5	55	09/11/1895	2,1
Bahía Blanca y Noroeste	05/10/1887	5	20	01/10/1895	2,3
Central Córdoba	28/10/1887-04/08/1888	5	15	11/05/1898	8
San Cristóbal a Tucumán	21/10/1887	5	55	09/04/1895	10,4
Total					50,8

Fuente: Gerchunoff, Rochi y Rossi (2008: 275).

Por otra parte, la Ley 3378 del 5 de agosto de 1896 brindó el marco para las negociaciones de las provincias con sus acreedores y para las negociaciones de la nación con las provincias. Los puntos centrales de este arreglo tripartito eran los siguientes:

> Las provincias arreglarían con los acreedores externos, a los cuales se les pagaría con títulos públicos nacionales al 4 por ciento; la nación recibiría a cambio los fondos públicos al 4,5 por ciento correspondientes a la Ley de Bancos Garantidos que las provincias tenían depositados en la Caja de Conversión. Canjeados los títulos, los bancos de las provincias quedaban desvinculados de la Ley de Bancos Garantidos. El monto de la emisión de títulos nacionales al 4 por ciento para cada provincia dependería del volumen adeudado al exterior pero también de la solución que se les daría a las demandas cruzadas entre la nación y la provincia en cuestión. Una vez alcanzado el acuerdo […] las provincias se comprometían a entregarle al Estado Nacional las sumas necesarias para afrontar el servicio de las nuevas obligaciones (Gerchunoff, Rochi y Rossi, 2008: 271-272).

El proceso de arreglo de las deudas provinciales abarcó desde septiembre de 1897 hasta junio de 1900. El total de títulos emitidos por la nación referido a este concepto alcanzó la cifra de 89,6 millones de pesos oro (véase cuadro I.6).

Cuadro I.6. El arreglo de las deudas externas provinciales
Valor de los títulos expresados en millones de pesos oro

	Acuerdo con acreedores externos	Títulos emitidos por la nación a favor de las provincias
Buenos aires	15/09/1897	34
Córdoba	13/07/1899	11
Entre Ríos	1898	14,3
Santa Fe	19/01/1899	15,3
Catamarca	10/07/1899	2,4
Corrientes	20/08/1898	3,4
Mendoza	19/06/1900	3,7
San Luis	1898	0,7
San Juan	6/07/1899	1,7
Tucumán	20/07/1899	3,3
Total		89,8

Fuente: Gerchunoff, Rochi y Rossi (2008: 273).

De este modo, la refinanciación de la deuda externa contraída en los años ochenta llevó muchos años. Y ello también contribuiría a explicar por qué tardó tanto en ponerse en marcha el sistema de caja de conversión.

I.3. Conclusiones

El diagrama II.1 sintetiza las particularidades de la Primera Caja de Conversión argentina. La misma estaba compuesta por una Caja de Conversión, que tenía el monopolio de la emisión, sus billetes eran convertibles a un tipo de cambio fijo al peso oro y los movimientos de los billetes circulantes reflejaban estrictamente los movimientos de las reservas (el principio de la *Currency School*). La Caja tenía un elemento de las cajas de conversión ortodoxas modernas: el Fondo de Conversión, cuya finalidad era respaldar los billetes que ya estaban en circulación. No obstante, independientemente de las intenciones, la Caja de Conversión contaba –en los hechos– con reservas extra (el Fondo de Conversión). También formaba parte del sistema el Banco de la Nación, el banco dominante, que tenía la facultad de prestar a los otros bancos y al Estado. Ello resultaba de gran importancia dado que a la Caja de Conversión le estaba prohibido prestar al sistema bancario en caso de necesidad y realizar adelantos al gobierno (esto implicaba ausencia de independencia monetaria). Y, por último, estaba el resto de los bancos, compuesto por entidades predominantemente nacionales (privadas, públicas y mixtas).

Diagrama I.1. Particularidades de la Primera Caja de Conversión argentina

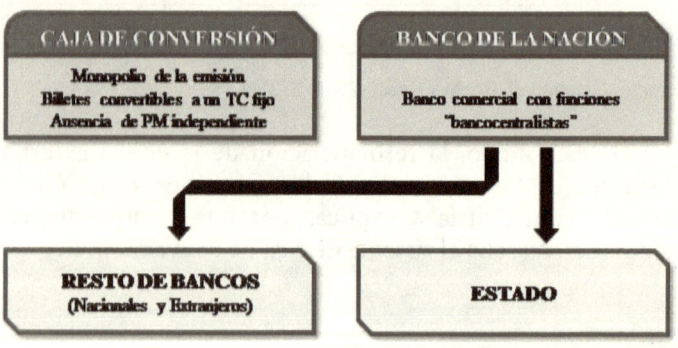

Este modelo tardó una década en ponerse en pleno funcionamiento. Dos parecen haber sido las razones de tal retraso.

1. Era necesario que el modelo de crecimiento basado en la combinación agricultura/ganadería diera su fruto (el *boom* de las exportaciones). La expansión de las exportaciones dependió significativamente de la expansión de la superficie cultivada. Esta expansión, a su vez, fue posible gracias a la difusión del ferrocarril, así como también del aumento extraordinario del factor trabajo. Todo ello tomó tiempo. Los frutos se recogieron recién a fines de los noventa del siglo XIX.
2. Además, resultaba necesario reestructurar la deuda externa contraída en los años ochenta, dado que resultaba imposible cumplir con los compromisos de pago estipulados en el Empréstito de Consolidación de 1891. Tal refinanciación se logró a través de la firma de tres arreglos celebrados a lo largo de la década de los noventa: a) Romero a fines de 1893; b) de las garantías ferroviarias entre agosto de 1896 y mayo de 1898; y c) de las deudas provinciales entre septiembre de 1897 y junio de 1900. Esto, como puede verse, también tomó tiempo.

II. El período del Progreso, 1900-1914

Entre 1900 y hasta 1914 se produjo una de las olas expansivas de la economía mundial más profundas de la historia. Lo impresionante fue la manera en que casi todas las naciones entraron en una espiral ascendente que implicó no solo un aumento formidable de la producción industrial, agrícola y minera, sino también una fortísima expansión de los servicios y del sector financiero. De acuerdo con las estimaciones del historiador económico Paul Bairoch, los países más avanzados alcanzaron un crecimiento anual del producto per cápita de 1,6% entre 1900 y 1913, mientras que los de la periferia alcanzaron el 1% anual. En el caso de Europa y Estados Unidos, esto representó una pequeña pero sustancial mejora en su desempeño si se lo compara con decenios anteriores. En cambio, para una buena parte de Latinoamérica, África y Asia este período marcó un cambio radical con respecto al crecimiento mucho más lento experimentado en el siglo XIX (Marichal, 2010: 71).

Algunos de los aspectos distintivos de este período fueron el ascendente comercio internacional de bienes y los enormes movimientos internacionales de capital y población. La posición única que venía ocupando Gran Bretaña –la primera nación en industrializarse– en el comercio internacional de bienes manufacturados se debilitó a mediados del siglo XIX frente a la competencia de Alemania y Estados Unidos. El descenso del precio del transporte de larga distancia en la segunda mitad del siglo XIX posibilitó la entrada a la producción de grandes extensiones de tierra agrícola de las zonas templadas (medio oeste de Estados Unidos, Canadá, Australia, Argentina y Nueva Zelanda). El comercio internacional de los países tropicales también se vio aumentado al ritmo que se expandía la producción en los principales países industrializados. Al mismo tiempo, la apertura de nuevos territorios impulsó los movimientos internacionales de capital y trabajo. Las nuevas tierras requerían de inversión en capital social básico –v.g. ferrocarriles, puertos– para entrar a la producción; este capital provenía principalmente de Londres. También se requería de mano de obra, la cual provenía de Gran Bretaña, España, Italia, entre otros (Foreman-Peck, 1985).

Otro factor distintivo del período fue el patrón oro. Tipo de cambio fijo y política monetaria endógena constituyeron los rasgos fundamentales del mismo. El funcionamiento del patrón oro se basaba en el sistema de comercio imperante, al mismo tiempo que lo apoyaba. En este sentido, las importaciones británicas de productos primarios fueron compensadas sin trabas por las exportaciones británicas de capital, estabilizando la balanza de pagos del país situado en el centro del sistema. Gran Bretaña y otros países industriales aceptaban libremente las exportaciones de bienes primarios, ayudando a las regiones productoras de estos a pagar los intereses de la deuda externa y a adaptarse a las perturbaciones de la balanza de pagos. Asimismo, no existen dudas de que la estabilidad cambiaria brindada por el patrón oro contribuía a la expansión del comercio (Eichengreen, 1996).

II.1. La balanza de pagos

Durante el período del Progreso, la Argentina enfrentó una situación externa excelente. El gráfico II.1 ofrece las principales cuentas de la balanza de pagos. Como puede apreciarse, las exportaciones mostraron una clara tendencia ascendente: su ritmo de crecimiento promedio anual fue de casi 10% entre 1900-1913. Esto estuvo asociado al *boom* de las cantidades exportadas de cereales y carnes provenientes de la región pampeana. También contribuyeron a dicho ascenso los términos de intercambios externos, favorables a partir de los comienzos del siglo XX (véase gráficos II.2 y II.3).

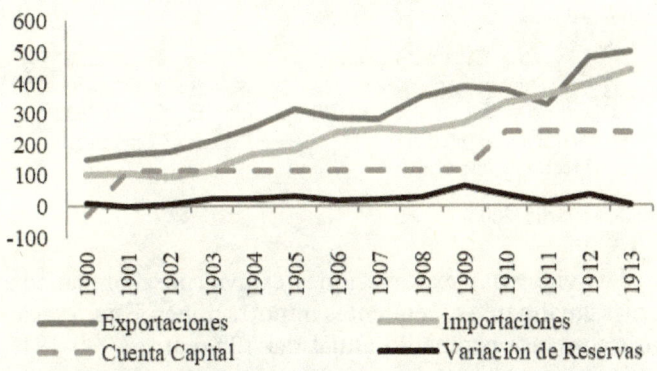

Gráfico II.1. Balanzas de pagos, 1900-1913
Millones de dólares

Fuente: Ferreres (2005).

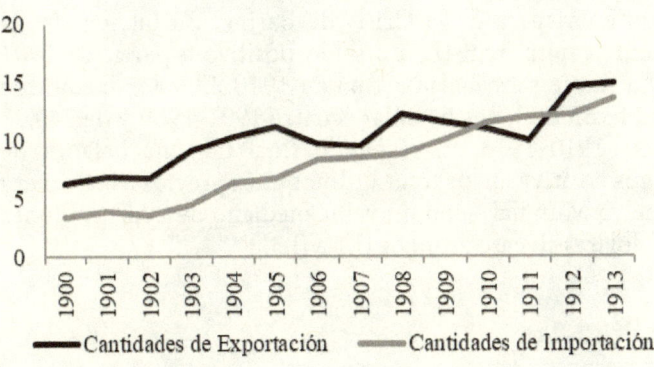

Gráfico II.2. Cantidades exportadas e importadas, 1900-1913
Índice. 1993=100

Fuente: Ferreres (2005).

Gráfico II.3. Precios de comercio exterior, 1900-1913
Índice. 1993=100

Términos de Intercambio — Precios de Exportac.
Precios de Importac.

Fuente: Ferreres (2005).

Las vigorosas exportaciones estuvieron acompañadas por las igualmente ascendentes importaciones. Estas crecieron a una tasa promedio anual del 12% entre 1900-1913, explicado fundamentalmente por el comportamiento de las cantidades. A pesar de ello, las primeras (exportaciones) alcanzaron a cubrir las segundas (importaciones),[1] quedando un saldo para el pago de los servicios de la deuda. Esto indiscutiblemente contribuyó al restablecimiento de las corrientes de capital extranjero, que se habían interrumpido en víspera de la Crisis de Baring. En tal sentido, la cuenta capital registró un saldo positivo a partir de 1901 y un fuerte salto hacia arriba en 1910. El valor medio fue de 115,63 millones de dólares entre 1901-1909 y de 240,31 entre 1910-1913. El resultado final fue una balanza de pagos positiva en los trece últimos años previos a la Primera Guerra Mundial –con un valor mediano de 20,89 millones de dólares- (véase gráficos II.1 a II.3).

---

[1] Con excepción del año 1911, debido a una grave sequía.

Así, el aumento acelerado de las exportaciones y el restablecimiento de las corrientes de capitales externos posibilitaron una balanza de pagos positiva, generando un frente externo favorable durante el período 1900-1913.

II.2. La Caja de Conversión

El gráfico II.4 muestra el tipo de cambio observado y el tipo de cambio legal (2,27 pesos papel por peso oro). Como puede apreciarse, Argentina comenzó a operar bajo el tipo de cambio legal (tipo de cambio fijo) a partir de octubre de 1902; es decir que –en los hechos– se entró al patrón oro recién en esa fecha. Para el público en general, esto significó que se podía cambiar libremente pesos papel por pesos oro (y viceversa) a la relación fija de 2,27.

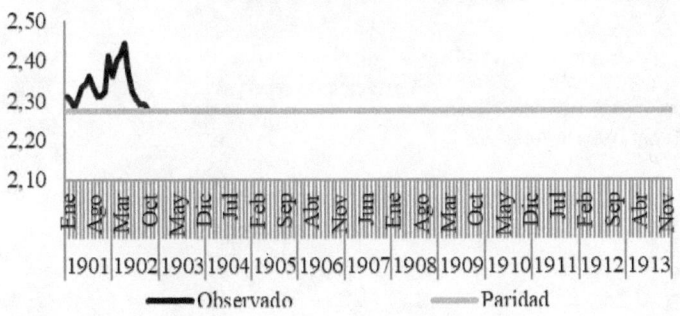

Gráfico II.4. Tipo de cambio, 1901-1913
Pesos moneda nacional por peso oro

Fuente: véase Apéndice.

El gráfico II.5 –un diagrama de dispersión entre las variaciones de la base monetaria y las reservas metálicas– nos revela que existió una asociación lineal fuerte y directa entre ambas variables. El cuadro II.1 complementa este diagrama; muestra los resultados de la regresión. Las variables están expresadas en primeras diferencias y se han usado mínimos cuadrados ordinarios. Como puede observarse, se confirma que existió una relación de uno a uno entre base monetaria y reservas metálicas en el período. Es decir que la Caja de Conversión siguió de manera estricta el principio de la *Currency School*: las variaciones (expansiones y contracciones) en la cantidad nominal de dinero primario correspondieron exactamente con los cambios en el *stock* de oro. La política monetaria, por tanto, fue endógena.

Gráfico II.5. Dispersión entre la base monetaria y las reservas metálicas, octubre 1902-julio 1914
Variaciones mensuales de cada variable (primera diferencia)

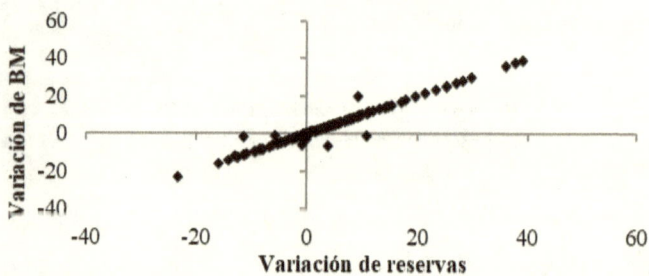

Fuente: véase Apéndice.

Cuadro II.1. Regresión entre la base monetaria y las reservas metálicas, octubre 1902-julio 1914
Variaciones mensuales de cada variable (primera diferencia)

	Total de observaciones	Meses donde Δres >0	Meses donde Δres <0
Coeficiente estimado	0,9928	0,9928	0,9929
Error estándar	0,0126	0,0148	0,0243
Número de observaciones	141	86	52

Nota: la base monetaria y las reservas están expresadas en millones de pesos papel, siendo las reservas evaluadas a la paridad de 2,27 pesos papel por peso oro.
Fuente: véase Apéndice.

Finalmente, queda por analizar el Fondo de Conversión, depositado en el Banco de la Nación y cuyo objetivo fue respaldar los 293 millones de pesos papel moneda que ya estaban en circulación. En 1902 el Fondo alcanzaba la cifra de 142,5 mil pesos oro (323,48 mil pesos papel). Luego dicha cifra fue paulatinamente subiendo hasta alcanzar los 30 millones de pesos oro (68,1 millones de pesos papel) en 1910. Y desde allí se mantuvo constante hasta 1914[2] (véase cuadro II.2). Ello permitió que el respaldo sobre la totalidad de la base monetaria fuera del 73% en 1913.

---

[2] Es de señalar que "La Tesorería General de la Nación no efectuó más entregas, desde 1910, no obstante que las leyes de presupuesto de los años 1911, 1912 y 1914, en sus artículos 9º, 12º y 11º, respectivamente, autorizaban al Poder Ejecutivo para continuar aumentando dichos Fondos. El Banco de la Nación dejó de transferirle una parte de sus utilidades, en virtud de haber quedado derogada esa disposición por la Ley Nº 4507, que modificó la de la Carta Orgánica" (BNA, 1941: 349).

**Cuadro II.2. Fondo de Conversión depositado
en el Banco de la Nación Argentina, 1900-1913**
Millones de pesos oro

Años	Fondo de Conversión	Años	Fondo de Conversión
1900	0,00	1907	19,76
1901	0,00	1908	25,00
1902	0,14	1909	28,50
1903	0,49	1910	30,00
1904	5,21	1911	30,00
1905	11,71	1912	30,00
1906	16,81	1913	30,00

Fuente: Salama (1998: 396).

II.3. El sistema bancario

El Banco de la Nación fue una entidad financieramente muy saludable en el período. Sus depósitos en términos reales –deflactados por la tasa de interés– mostraron una tendencia positiva. La tasa de crecimiento fue del 14,4% promedio anual, acompañada de una variabilidad del 8,03% (la más baja de todos los períodos). Asimismo, exhibió un altísimo nivel de liquidez: el ratio reservas a depósitos alcanzó un valor medio del 48% (véase gráficos II.6 y II.7).

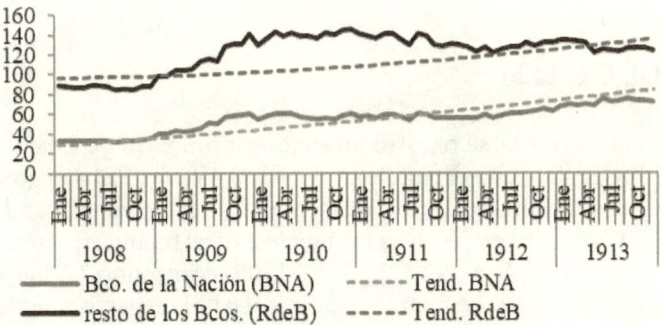

Gráfico II.6. Depósitos del Banco de la Nación y del resto de los bancos, 1908-1913
Millones de pesos moneda nacional

Nota: los depósitos están deflactados por la tasa de interés.
Fuente: véase Apéndice.

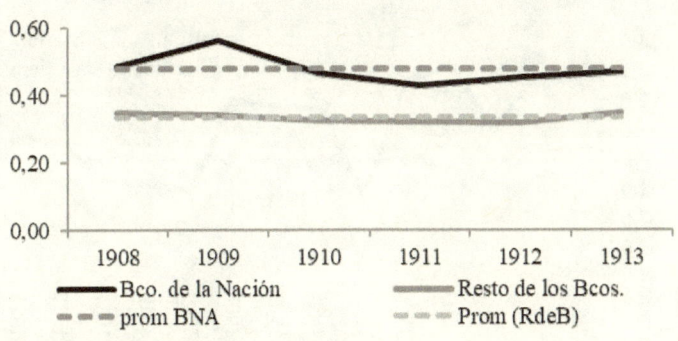

Gráfico II.7. Ratio reservas a depósitos, 1908-1913
Ambas variables tomadas en pesos moneda nacional

Fuente: véase Apéndice.

En cuanto a los otros bancos, ellos también mostraron buenos indicadores financieros –aunque menos destacados que los del Banco de la Nación–. Los depósitos en términos reales crecieron a una tasa del 5,6% promedio anual, con una variabilidad del 16,9% (la más baja de todos los períodos). Y el ratio reservas a depósitos mostró un valor promedio del 33% (véase gráficos II.6 y II.7).

II.4. El Estado

En el año 1900, se registró un superávit primario de 2,8% del PBI y un pequeño déficit financiero de 0,45% del PBI. Luego el resultado primario mostró una tendencia decreciente, bajando al 0,9% del PBI en 1913. La *performance* fiscal financiera, por su parte, se complicó en 1902, 1905 y 1909, alcanzando 2,2, luego 3,5 y finalmente 2,6 puntos negativos del PBI respectivamente. Para 1913 ya se había recuperado bastante, exhibiendo nuevamente un déficit de solo 0,6% del PBI (véase gráfico II.8).

Gráfico II.8. Resultados primario y financiero de la Administración Pública Nacional, 1900-1913.
Como % del PIB.

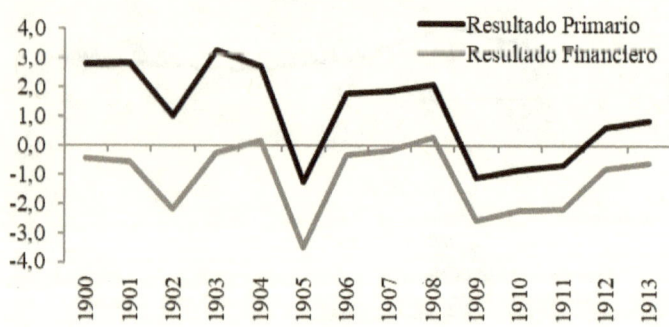

Fuente: Ferreres (2005).[3]

Para poder interpretar las finanzas del Estado, veamos los ingresos y los gastos. Podemos observar que los ingresos en términos del PBI descendieron hasta 1905, estabilizándose a partir de allí (véase gráfico II.9). La razón de este descenso relativo fueron las altas tasas de crecimiento del producto, ya que los ingresos totales en términos nominales se triplicaron en el período; estos ingresos dependieron fundamentalmente de los impuestos a las importaciones, principal fuente de recurso tributario en el período.

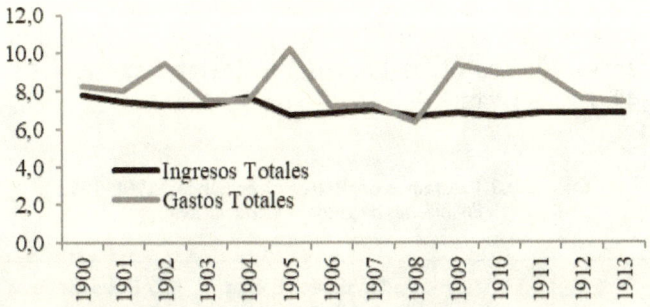

Gráfico II.9. Ingresos y gastos totales de la Administración Pública Nacional 1900-1913.
Como % del PIB.

Fuente: Ferreres (2005).

En cuanto a los gastos, su participación en el PBI mostró tres fuertes incrementos en 1902, 1905 (el mayor) y 1909; luego comenzó a descender (véase gráfico II.9). Estos saltos se explican básicamente por inversión en obras públicas; y en 1902 se les añaden gastos en pensiones, jubilaciones y retiros, y pago de letras del préstamo *Baring*.

---

[3] A lo largo del trabajo, se decidió utilizar las series fiscales que aparecen en Ferreres (2005), en lugar de las de Cortés Conde (2005). La razón fue que las segundas incorporan dentro de los ingresos los valores a cobrar (es decir, las letras). Ello hace que los ingresos del fisco se vean abultados, en particular, durante la Gran Depresión.

II.5. El Banco de la Nación y la ausencia de funciones bancocentralistas

Cabe preguntarse ahora qué papel jugó el Banco de la Nación como sostén financiero de los otros bancos y del Estado.

Los redescuentos

El cuadro II.3 muestra los préstamos otorgados a los otros bancos. Se observa que dichos préstamos pasaron de 3 millones de pesos moneda nacional en 1908 a 7,7 millones en 1913; pero la importancia en el total de las reservas de los otros bancos fue insignificante: 1,4% y 2,4% respectivamente.

Cuadro II.3. Préstamos del BNA a otros bancos, 1908-1913.
En millones de pesos moneda nacional

	Redescuentos BNA a otros bancos (1)	(1) / Reservas otros bancos
1908	3,0	1,4%
1909	2,7	1,0%
1910	4,4	1,5%
1911	5,8	1,9%
1912	8,9	2,8%
1913	7,7	2,4%

Fuente: véase Apéndice y BNA (1941).

Asimismo, el gráfico II.10 presenta los resultados de un ejercicio contrafactual. El mismo exhibe cuál fue el ratio reservas a depósitos de los otros bancos (valores observados) y cuál hubiera sido dicho ratio si el Banco de la Nación no les hubiera otorgado préstamos (valores contrafactuales). Como puede observarse, la diferencia es insignificante. Es decir, la liquidez del resto del sistema bancario no dependió de la ayuda financiera del Banco de la Nación.

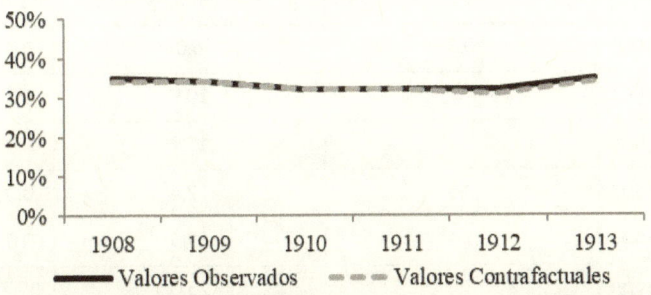

Gráfico II.10. Razón reservas a depósitos del resto de los bancos (valores observados y contrafactuales), 1908- 1913
Ambas variables tomadas en pesos moneda nacional

Nota: la razón reservas a depósitos fue calculada con cifras correspondientes a diciembre de cada año. Para obtener los valores contrafactuales, se restaron a las reservas los redescuentos.
Fuente: véase Apéndice y BNA (1941).

El financiamiento al Estado

El cuadro II.4 presenta el financiamiento del Banco de la Nación al Estado. En primer lugar, aparece el saldo de la Cuenta de Tesorería General. Como puede observarse, este saldo resultó deudor en muy contadas ocasiones y por montos pequeños. Los fondos públicos, una fuente de financiamiento de largo plazo, adquirieron importancia en algunos años; en particular, en 1908, cuando alcanzaron los 37,7 millones.

Cuadro II.4. Saldo de la Cuenta Tesorería General y fondos públicos, 1900-1913.
En millones de pesos moneda nacional

Año	Estado de Cuenta de Tesorería		Fondos públicos
	Saldos deudores	Límite legal	
1900	1,8	2,0	14,6
1901	1,0	2,0	12,4
1902	5,3	6,0	11,5
1903	0,3	6,0	6,0
1904		10,9	5,2
1905		12,2	0,0
1906	0,6	12,4	0,0
1907	1,4	13,5	0,0
1908		25,0	37,7
1909		26,4	1,3
1910		27,9	1,3
1911		29,4	1,3
1912		31,0	1,3
1913		32,2	1,3

Fuente: BNA (1941).

El gráfico II.11 muestra el resultado financiero de la Administración General en valores observados y contrafactuales (excluido el financiamiento del Banco de la Nación). Como puede advertirse, la diferencia entre ambos valores también es insignificante. Es decir, el Estado financió casi la totalidad del déficit con fuentes ajenas al Banco de la Nación. Así pues, las funciones bancocentralistas del Banco de la Nación no resultaron necesarias.

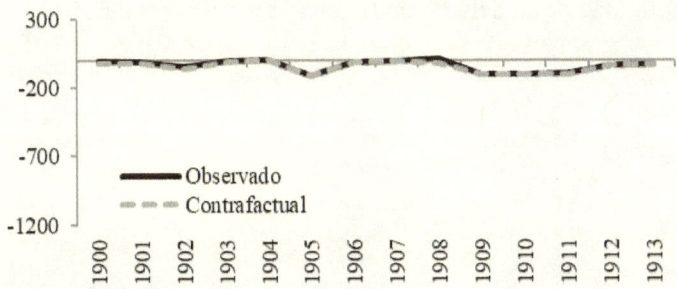

Gráfico II.11. Resultado financiero de la Administración General (valores observados y contrafactuales), 1900-1913.
En millones de pesos moneda nacional

Fuente: BNA (1941) y Ferreres (2005).

II.6. Conclusiones

El aumento acelerado de las exportaciones y el restablecimiento de las corrientes de capitales externos posibilitaron una balanza de pagos positiva, generando un frente externo favorable durante el período 1900-1913.

Ello contribuyó a que Argentina pudiera operar bajo un tipo de cambio fijo a partir de 1902. La Caja de Conversión variaba la cantidad nominal de dinero primario de manera proporcional a la variación de la moneda de reserva, siguiendo así el principio de la *Currency School*. El Fondo de Conversión (la reserva extra de la Caja) alcanzó su máximo en 1910, logrando un respaldo del 73% de la base monetaria en 1913. Esto estuvo acompañado por un sistema bancario sano. Los depósitos en términos reales –deflactados por la tasa de interés– mostraron altas tasas de crecimiento y baja variabilidad. Los ratios de liquidez –reservas a depósitos–, por su parte, también fueron altos. En este ambiente saludable, el Banco de la Nación gozaba de una posición financiera sobresaliente.

Todo marchaba de manera exitosa. Las funciones bancocentralistas del Banco de la Nación no resultaron necesarias. Los otros bancos mantenían sus altos ratios de liquidez prácticamente sin pedir prestado; y el Estado cubría casi la totalidad de su déficit con financiamiento fuera del sistema.

III. La Primera Guerra Mundial, 1914-1918

> "Las lámparas se apagan en toda Europa –dijo Edward Grey, ministro de Asuntos Exteriores de Gran Bretaña, mientras contemplaba las luces de Whitehall durante la noche en que Gran Bretaña y Alemania entraron en guerra en 1914–. No volveremos a verlas encendidas antes de morir". Al mismo tiempo, el gran escritor satírico Karl Kraus se disponía en Viena a denunciar aquella guerra en un extraordinario reportaje-drama de 792 páginas al que tituló *Los últimos días de la humanidad*. Para ambos personajes la guerra mundial suponía la liquidación de un mundo y no eran solo ellos quienes así lo veían (Hobsbawn, 2009: 30).

Como es sabido, el asesinato del archiduque austriaco –Franz Ferdinand– a manos de un nacionalista bosnio-serbio el 28 de junio de 1914 fue la mecha que provocó el estallido de la Primera Guerra Mundial. Un mes más tarde, el 28 de julio, las fuerzas militares del imperio austrohúngaro invadieron Serbia. A partir de allí no hubo retorno. Rusia comenzó a movilizarse a favor de Serbia. Después Alemania –que conformaba con Austria e Italia la Triple Alianza– declaró la guerra a Rusia. Además, invadió Bélgica y Francia sin previa declaración de guerra, dando por supuesto que esta última –que pertenecía a la Triple Entente junto con Rusia e Inglaterra– entraría en defensa de su coaligada. Y la invasión de Bélgica, país neutral, motivó la entrada de Inglaterra en el conflicto.

Los mercados fueron sensibles a tales acontecimientos, dando inicio a una crisis internacional. Las bolsas europeas, la de Nueva York, y también las de los países de Sudamérica cerraron sus puertas (Marichal, 2010). Asimismo, los gobiernos abandonaron el compromiso de convertir sus monedas domésticas a una relación fija con el oro; y la libertad de los individuos de exportar e importar oro desapareció. Las economías comenzaron a operar bajo un sistema de papel moneda inconvertible con tipo de cambio flexible; aunque su fluctuación fue limitada por la aplicación de controles que prohibían la mayoría de las operaciones en oro (Eichengreen, 1996). Se decretaron moratorias para las obligaciones privadas. Y se establecieron controles sobre determinados precios (alquileres y otros bienes de consumo necesarios) (Cortés Conde, 2003).

III.1. La balanza de pagos

Argentina –una economía abierta y pequeña– no fue inmune a lo que estaba ocurriendo fronteras afuera. En el año 1914, la cuenta capital se contrajo un 47,72% en relación con 1913. Las importaciones se redujeron un 34,73%. Y las exportaciones, si bien superaron en 1,4 veces las importaciones, presentaron una disminución del 22,02% en 1913/14. La disminución de las importaciones estuvo asociada a la caída de las cantidades por motivo de la guerra. En cuanto al descenso de las exportaciones también vino por el lado de las cantidades, lo que no fue debido a la guerra sino más bien por el fracaso[1] de la cosecha (Ford, 1966: 283 y 290 y Quinteros Ramos, 1970: 204-205). El resultado fue que el saldo de la balanza de pagos se tornó negativo en 12,57 millones de dólares (Véanse gráficos III.1 a III.3).[2]

---

[1] En la cosecha 1913-1914, el trigo (cultivo de invierno) mostró una caída del 13% en la superficie cosechada y del 36% en el rendimiento por hectárea, lo que repercutió en una caída del 44% de la producción. El maíz (cultivo de verano), si bien tuvo un incremento de la superficie cosechada, mostró una fuerte caída en los rendimientos (41%), lo que generó una merma de producción del 34%. Este pobre desempeño de los dos principales cultivos ilustra la magnitud del fracaso de la cosecha. Véase Ferreres (2005).
[2] Véase también Ford (1966: 289).

Gráfico III.1. Balanza de pagos, 1913- 1918
Millones de dólares

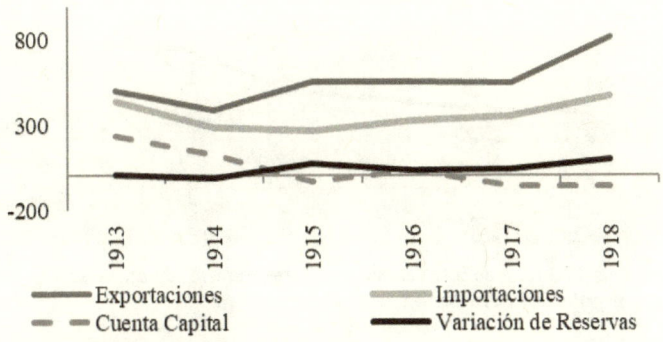

Fuente: Ferreres (2005).

Gráfico III.2. Cantidades exportadas e importadas, 1913-1918
Índice. 1993=100

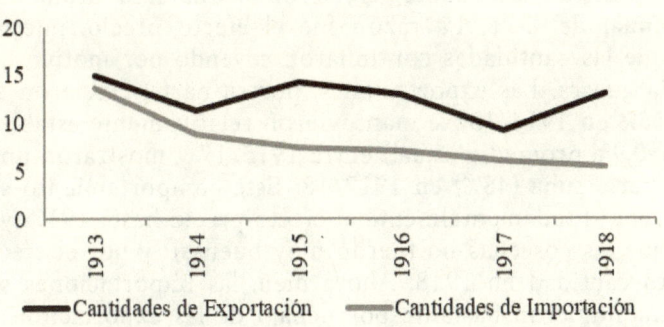

Fuente: Ferreres (2005).

Gráfico III.3. Precios de comercio exterior, 1913-1918
Índice. 1993=100

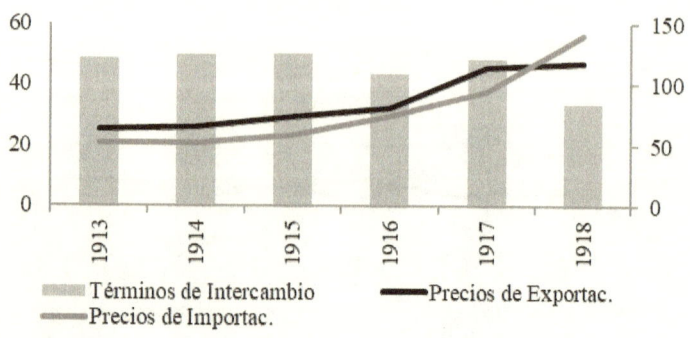

Términos de Intercambio — Precios de Exportac.
Precios de Importac.

Fuente: Ferreres (2005).

De 1915 a 1918, la cuenta capital pasó directamente a registrar signo negativo: un valor mediana de -59,86 millones de dólares. Las importaciones exhibieron una tendencia ascendente; crecieron a una tasa promedio anual del 13%. La razón fue el efecto precio, puesto que las cantidades continuaron cayendo por motivo de la guerra. Las exportaciones, por su parte, crecieron al 43% en 1914/15, se mantuvieron relativamente estables (-0,9% promedio anual) entre 1915/17 y mostraron una fuerte suba (48%) en 1917/18. Este comportamiento se debió fundamentalmente al efecto precio hasta 1917 (ya que las cosechas no fueron muy buenas)[3] y por el efecto cantidad en 1918. Ahora bien, las importaciones se mantuvieron bastante por debajo de las exportaciones: el valor mediana de las primeras fue de 305,3 millones

---

[3] Nuevamente, del análisis de la cosecha de trigo y de maíz para el año 1917, puede surgir la dimensión del fracaso. La producción del primer cereal cayó un 50%, junto con una caída del 23% en la superficie cosechada y del 35% en el rendimiento por hectárea. La producción del maíz tuvo un desempeño aun peor: se redujo un 63% respecto al año anterior, con una reducción del 52% de la superficie cosechada y de un 23% del rendimiento. Véase Ferreres (2005).

de dólares, en tanto que el de las segundas fue de 550,1 millones. Este saldo positivo de la balanza comercial permitió cubrir el pago de los servicios financieros y el saldo negativo de la cuenta capital, quedando un remanente destinado a aumentar las reservas de oro del país. De este modo, la balanza de pagos exhibió un saldo positivo en estos años: un valor mediana de 33,3 millones de dólares (véanse gráficos III.1 a III.3).

III.2. Los cambios institucionales

Cuando estalló la Primera Guerra Mundial se encontraba ocupando el Poder Ejecutivo el vicepresidente Victorino de la Plaza, a causa de la enfermedad del presidente Sáenz Peña. La primera medida de política económica fue decretar un feriado bancario –extendido a la Caja de Conversión– de una semana a contar desde el 3 de agosto (Quintero Ramos, 1970: 196). El día 8 se sancionó un paquete de leyes de emergencia. Por la proximidad de esta fecha al inicio del conflicto parecería que estas leyes se anticiparon a lo que podría acontecer en la economía argentina; podemos hablar de una respuesta de política económica anticipada.

Prórrogas para el cumplimiento de obligaciones

Una de las leyes fue la 9478, que establecía prórrogas para el cumplimiento de todas las obligaciones de los particulares, exceptuando "las obligaciones provenientes de impuestos nacionales, provinciales y municipales". En estos términos, se expresaba:

> Acuérdase una prórroga de treinta días para el cumplimiento de todas las obligaciones de dar sumas de dinero, que hayan vencido o venzan en el corriente mes.

> Vencido el plazo del artículo anterior, las obligaciones de cumplimiento a oro quedarán prorrogadas mientras se encuentren suspendidos los efectos del art. 7° de la ley 3871, salvo que el acreedor aceptare el pago en moneda papel al tipo de cambio conversión que establece el art. 1° de la misma ley. Exceptúanse de las disposiciones de esta ley las obligaciones provenientes de impuestos nacionales, provinciales y municipales.[4]

También dicha ley establecía una prórroga para el cumplimiento de las obligaciones de los bancos con los depositantes: "Hasta el día 17 de agosto del corriente año, dichos establecimiento solo estarán obligados a pagar el veinte por ciento de los depósitos exigibles".[5]

Esta prórroga fue ratificada por la Ley 9484 del 13 de agosto de 1914.[6]

Oro en las legaciones

La Ley 9480 también formó parte del paquete de emergencia del 8 de agosto. Ella autorizaba a depositar el oro –proveniente de transacciones comerciales y financieras en el exterior– en las legaciones argentinas. Autorizaba, además, a la Caja de Conversión a expandir la base monetaria en función del oro depositado a la relación fija de 2,27 pesos moneda nacional por peso oro. De este modo, la ley se expresaba:

> Queda facultado el P.E. para recibir en depósito en las legaciones argentinas, oro sellado de parte del comercio y de la banca.
> El Ministerio de Hacienda, con el aviso telegráfico que reciba de las legaciones, extenderá un bono a favor de la Caja de Conversión, por el importe del oro depositado. Contra entrega de este bono, por intermedio del Banco de la Nación

---

[4] Ley 9478 del 8/8/1914, arts. 1, 2 y 5. En *Anales*, 1954, p. 909.
[5] Ley 9478 del 8/8/1914, art. 4. En *Anales*, 1954, p. 909.
[6] Ley 9484 del 13/8/1914, art. 1. En *Anales*, 1954, p. 911.

Argentina, la Caja de Conversión entregará al mismo Banco, el equivalente en pesos papel al tipo de la ley núm. 3871, para ser acreditado a quien corresponda, de acuerdo con las instrucciones que reciba del Ministerio de Hacienda.[7]

Es decir, las legaciones argentinas cumplían el papel de sucursales de la Caja de Conversión; de modo tal que esta pudiera expandir la base monetaria apenas se comunicara por telégrafo el depósito de oro en aquellas.

Suspensión de la convertibilidad

Otra de las leyes, incluida en el paquete de emergencia, fue la Ley 9481, que establecía la suspensión de la convertibilidad. Así, se decía:

> Declárese suspendidos por el término de 30 días, los efectos del art. 7° de la ley 3871, en cuanto obliga a la Caja de Conversión, a entregar oro sellado en cambio de moneda papel. El P.E. queda autorizado para prorrogar este término por 30 días más, o disminuirlo, dando cuenta al H. Congreso.[8]

Antes de cumplirse el plazo de suspensión de la convertibilidad, la Ley 9506 del 30 de septiembre de 1914 expresaba:

> Vencidos los plazos fijados por el art. 1 de la ley 9481, queda autorizado el P.E. para suspender por el término de 30 días, prorrogables, los efectos del art. 7 de la ley 3871, en cuanto obliga a la Caja de Conversión, a entregar oro sellado en cambio de moneda papel.[9]

Y el 31 de octubre de 1914 el Poder Ejecutivo decretó que la suspensión quedaba en vigor "hasta nuevo aviso" (Quintero Ramos, 1970: 198). En consecuencia,

---

[7] Ley 9480 del 8/8/1914, arts. 1 y 2. En *Anales*, 1954, p. 910.
[8] Ley 9481 del 8/8/1914, art.1. En *Anales*, 1954, p. 910.
[9] Ley 9506 del 30/9/1914, art.1. En *Anales*, 1954, p. 912.

a partir de 1914 y "hasta nuevo aviso", se suspendía el compromiso del Estado nacional con la convertibilidad del dinero doméstico a cantidades fijas de oro. La Argentina pasaba a operar bajo un sistema papel moneda inconvertible, donde el precio del oro se fijaba en el mercado. Ello significaba una clara desviación del modelo.

Control de cambios

Además, el 12 de agosto de 1914, cuando fue levantado el feriado bancario,[10] se sancionó la Ley 9483, que decía: "Autorízase al P.E. a prohibir total o parcialmente la exportación del oro en metálico mientras subsista el estado de guerra entre las potencias del continente europeo".[11]

Y esto significaba que "mientras subsista el estado de guerra" se autorizaba la fijación de controles de cambios, lo que representaba el fin de la libre movilidad de capitales. No obstante, esta atribución no fue utilizada durante el conflicto. El oro entraba y salía en función del saldo de la balanza de pagos.

Redescuentos

Bajo el marco de independencia monetaria, el 8 de agosto de 1914 se sancionó la Ley 9479, que autorizaba al Banco de la Nación la conversión y movilización del Fondo de Conversión "en la forma que su directorio considere conveniente". Autorizaba además a la Caja de Conversión a realizar operaciones de redescuentos,

---

[10] Es de señalar que el feriado fue levantado dos días después de lo establecido, debido al luto nacional por el fallecimiento del presidente Sáenz Peña.
[11] Ley 9483 del 12/8/1914, art.1. En *Anales*, 1954, p. 911.

siempre y cuando el volumen de las reservas metálicas fuera mayor o igual al 40% de la base monetaria. Así, en estos términos, se expresaba:

> Mientras el Banco de la Nación Argentina no pueda utilizar el fondo de conversión en las operaciones de cambio a que se refiere el art. 6° de la ley 3871, queda autorizado para convertir y movilizarlo en la forma que su directorio considere conveniente.
> La Caja de Conversión, previa autorización del P.E, efectuará operaciones de redescuento de documentos comerciales, o en el Banco de la Nación Argentina, emitiendo al efecto los billetes necesarios de los tipos actualmente en circulación, siempre que la garantía metálica de la moneda de curso legal no baje del 40 por ciento.[12]

Y la Ley 9577 del 30 de septiembre ratificaba la facultad otorgada a la Caja de Conversión por la Ley 9479, especificando que

La Caja de Conversión, previa autorización del Poder Ejecutivo, entregará al Banco de la Nación Argentina, contra recibo de documentos comerciales de su propia cartera o de los que este haya redescontado a otros Bancos de la República, billetes moneda nacional de curso legal, sin cobrar interés alguno, siempre que la garantía en metálico de la circulación fiduciaria no baje del cuarenta por ciento, de acuerdo con la Ley N° 9479.

Establecía además que "El Banco de la Nación Argentina efectuará los redescuentos a los plazos que concertare y a un tipo de interés convencional, de acuerdo con las instrucciones que tuviere del Ministerio de Hacienda".[13]

De este modo, la operación de redescuento establecida por las Leyes 9479 y 9577 reunía las siguientes características:[14]

---

[12] Ley 9479 del 8/8/1914, arts. 1 y 2. En *Anales*, 1954, p. 909.
[13] Ley 9577 del 30/9/1914, arts. 1 y 2. En *Anales*, 1954, p. 910.
[14] Cfr. Arnaudo (1987: 18-19).

1. El Banco de la Nación continuaba gozando de la facultad de redescontar documentos de la cartera de otros bancos en caso de necesidad; en virtud de este derecho, el Banco de la Nación podía fijar el plazo de la operación de redescuento, así como también el interés.
2. El Banco de la Nación podía presentar a la Caja de Conversión sus propios documentos o los redescontados de otros bancos.
3. La Caja de Conversión gozaba de la facultad de crear dinero primario, teniendo como contrapartida los documentos comerciales que le presentara el Banco de la Nación. Esta atribución tenía una restricción: las reservas metálicas no podían ser menores al 40% de la base monetaria. Además, la Caja no podía cobrar interés alguno.

De aquí se desprende que la Caja de Conversión podía emitir teniendo como contrapartida los redescuentos. Ello significaba un alejamiento sustancial de las reglas básicas del modelo. No obstante, este alejamiento no se dio en la práctica. La Caja solo tuvo como contrapartida de los billetes circulantes a las reservas.

III.3. La Caja de Conversión y las funciones bancocentralistas

En conformidad con la Ley 9481, la Caja de Conversión ya no tenía la obligación de convertir sus billetes a la relación fija de 2,27 con el peso oro. En consecuencia, como era de esperar, no siguió el principio de la *Currency School*.[15] Pero tampoco siguió el patrón

---

[15] Recordemos que dicho principio establece que los movimientos (contracción o expansión) de los billetes circulantes deben reflejar los movimientos exactos de las reservas.

oro *de una sola vía*[16] como se dice reiteradamente en la literatura (Della Paolera y Taylor, 2003 y Carballo, 2008). El gráfico III.4 –un diagrama de dispersión entre las variaciones de las reservas y las variaciones de la base monetaria– prueba lo expresado. Obsérvese que la mayoría de las variaciones de las reservas están acompañadas por constancias de la base monetaria.

Gráfico III.4. Dispersión entre la base monetaria y las reservas metálicas, agosto 1914-diciembre 1918
Variaciones mensuales de cada variable (primera diferencia)

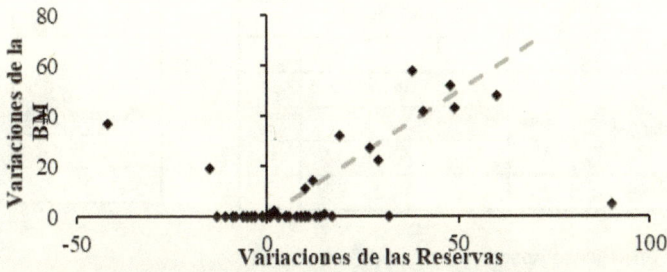

Fuente: véase Apéndice.

El cuadro III.1 –tabla de contingencia entre las variaciones de las reservas y las variaciones de la base monetaria– complementa el gráfico III.4. Aquí también se observa que la Caja no cumplió el principio de la *Currency School* ni tampoco el patrón oro *de una sola vía*. El comportamiento predominante fue lo que llamamos de *autorregulación*; esto es: si las reservas metálicas disminuían, la base monetaria se mantenía constante; y si las reservas aumentaban, la base también se mantenía constante. En efecto:

---

[16] Esto es: la expansión de los billetes en circulación debe estar acompañada de una expansión de las reservas, pero no a la inversa.

De un total de 18 casos de variaciones negativas de las reservas, 16 (o sea el 90%) fueron acompañadas por constancias en los billetes circulantes.

De un total de 34 casos de variaciones positivas de las reservas, 20 (o sea el 59%) estuvieron acompañadas por constancias en los billetes circulantes.

Cuadro III.1. El comportamiento de la Caja de Conversión, agosto de 1914-diciembre de 1918
Variaciones mensuales de cada variable (primera diferencia)

		Variación de la Base Monetaria			Total
		$\Delta M<0$	$\Delta M=0$	$\Delta M>0$	
Variación del Oro	$\Delta R<0$	0	16	2	18
	$\Delta R=0$	0	1	0	1
	$\Delta R>0$	0	20	14	34
Total		0	37	16	53

$\Delta M > 0$ y $\Delta R > 0$		
$|\Delta M|$	$|\Delta M|$	$|\Delta M|$
$>$	$=$	$<$
$|\Delta R|$	$|\Delta R|$	$|\Delta R|$
14		
6	3	5

Fuente: véase Apéndice.

Esta conducta de autorregulación de la Caja de Conversión permite explicar el comportamiento del tipo de cambio (véase gráfico III.5):

Cuando las reservas disminuían, la Caja mantenía constante la base monetaria (cerraba sus puertas), lo que se reflejaba en una depreciación del tipo de cambio; es decir el tipo de cambio subía.

Y cuando las reservas aumentaban, la Caja también mantenía constante la base, lo que llevaba a que el tipo de cambio se apreciara (bajaba).

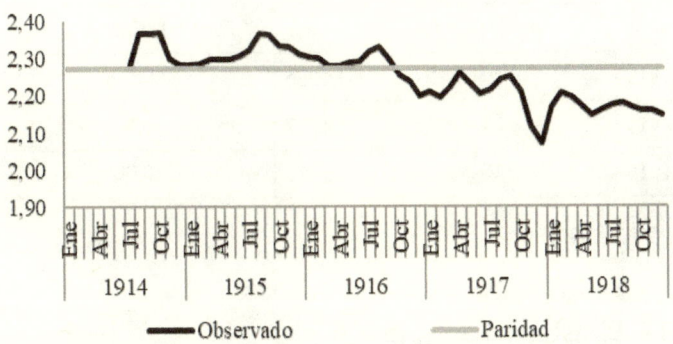

Gráfico III.5. Tipo de cambio, 1914-1918
Pesos moneda nacional por peso oro

Fuente: véase Apéndice.

Respecto al Fondo de Conversión, y en conformidad con la Ley de Redescuento 9479, el 1 de septiembre de 1914 se movilizó la cantidad de 20.000.000 de pesos oro, equivalentes a 45,45 millones de pesos moneda nacional. El destino fue el salvataje al sistema bancario; en particular, al resto de los bancos. En efecto, la magnitud de los 45,45 millones de pesos papel movilizados es algo mayor que la cantidad registrada en el balance del Banco de la Nación (43,2 millones) como redescuentos en ese año. La diferencia (5%) pudo ser utilizada para descontar documentos del propio Banco de la Nación.

De este modo, apareció una función bancocentralista, que no fue ejercida por el Banco de la Nación, ya que no empleó el ahorro del público (depósitos) ni su capital para el salvataje. Dicha acción provino de la Caja de Conversión, quien no emitió, sino que utilizó las reservas extra (es decir, el Fondo de Conversión). La merma del Fondo (véase cuadro III.2) implicó la merma del respaldo metálico de la totalidad de la base monetaria; respaldo este que pasó de 73% en 1913 a 66% en 1914. Este fue el costo del salvataje al sistema bancario.

Cuadro III.2. Fondo de Conversión depositado en el BNA, 1913-1918.
Millones de pesos oro

Años	Fondo de Conversión	Años	Fondo de Conversión
1913	30,00	1916	10,00
1914	10,00	1917	10,00
1915	10,00	1918	10,00

Fuente: Salama (1998: 396).

III.4. El sistema bancario

Con el estallido de la Primera Guerra Mundial, el público en Argentina mostró una preferencia por la liquidez. Dicha preferencia se tradujo en un aumento en el uso de billetes en desmedro de los depósitos. El público entró en pánico y comenzó una inesperada corrida. En el tercer trimestre (julio-septiembre) de 1914, la razón circulante a depósitos aumentó un 26%, al mismo tiempo la caída total de depósitos fue del 12%. Esta corrida se dio en todos los bancos, aunque en distintas magnitudes: los bancos nacionales (excluido el Banco de la Nación) perdieron un 23,51% de sus depósitos, los extranjeros un 8,86% y el Banco de la Nación solo un 2,01% (véase gráfico III.6 y cuadro III.3).

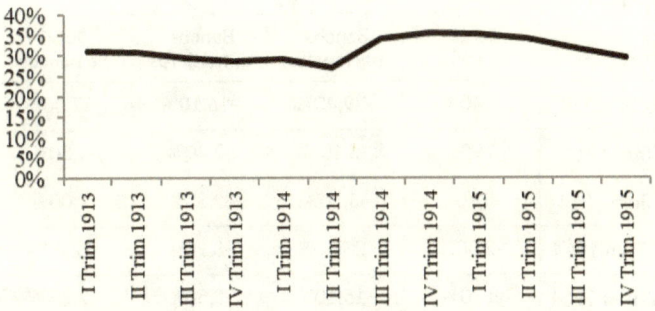

Gráfico III.6. Razón circulante/depósitos, 1913-1915
Ambas variables tomadas en pesos moneda nacional

Nota: los depósitos son calculados como la suma de los depósitos del Banco de la Nación, bancos nacionales (excluido el Banco de la Nación) y bancos extranjeros.
Fuente: véase Apéndice.

Cuadro III.3. Tasas de crecimientos anuales y trimestrales de los depósitos, 1913-1915
Todas las variables tomadas en pesos moneda nacional

	Banco Nación	Bancos nacionales	Bancos extranjeros	Total de bancos
1914 (total)	7,40%	-39,40%	-16,10%	-17,00%
I Trim 1914	0,90%	-3,10%	-2,40%	-1,50%
II Trim 1914	-0,10%	-3,70%	-2,30%	-2,00%
III Trim 1914	-2,00%	-23,50%	-8,90%	-12,00%
IV Trim 1914	8,70%	-15,10%	-3,50%	-2,20%
1915 (total)	16,40%	16,70%	22,30%	17,80%
I Trim 1915	8,60%	1,80%	2,60%	5,20%
II Trim 1915	2,30%	6,60%	7,20%	4,60%
III Trim 1915	2,40%	4,60%	3,90%	3,40%
IV Trim 1915	2,30%	2,70%	7,00%	3,50%

Nota: el total es calculado como la suma del Banco de la Nación, bancos nacionales y bancos extranjeros.
Fuente: véase Apéndice.

Entre octubre y diciembre, la razón circulante a depósitos registró un aumento del 4,1% y los depósitos una disminución del 2,2%. Esta disminución, mucho más leve que en el trimestre anterior, no se dio en todas las entidades. Los bancos nacionales ahora perdieron un 15,12% y los extranjeros un 3,51% de los depósitos, mientras que el Banco de la Nación registró un aumento del 8,74%. Ello era un claro signo de que la tormenta estaba pasando. Y para el primer trimestre (enero-marzo) de 1915 los indicadores mostraron que la crisis financiera ya se había sorteado. Los depósitos totales aumentaron un 5,2%, los del Banco de la Nación un 8,5%, los de los bancos extranjeros un 2,59% y los de los nacionales un 1,84%.

Es de señalar que en el momento más álgido de la corrida (julio-septiembre de 1914), los bancos no presentaron problemas de liquidez. Sus reservas pudieron hacer frente a la caída inesperada de depósitos. El nivel de liquidez[17] registró una caída del 20% en el sistema como un todo, pero mantuvo su signo positivo de 428,6 millones de pesos moneda nacional. Los bancos nacionales mostraron una disminución del 68,90% y un valor absoluto de 46,55 millones; y los bancos extranjeros registraron una disminución del 13,15% y un valor absoluto de 108,26 millones. El Banco de la Nación no solo mantuvo el nivel de liquidez con signo positivo (273,75 millones de pesos moneda nacional), sino que lo incrementó en un 5,06% (véase gráfico III.7).

---

17 El nivel de liquidez es definido como la disponibilidad de efectivo en las bóvedas en el período anterior más el incremento de los depósitos en el período actual.

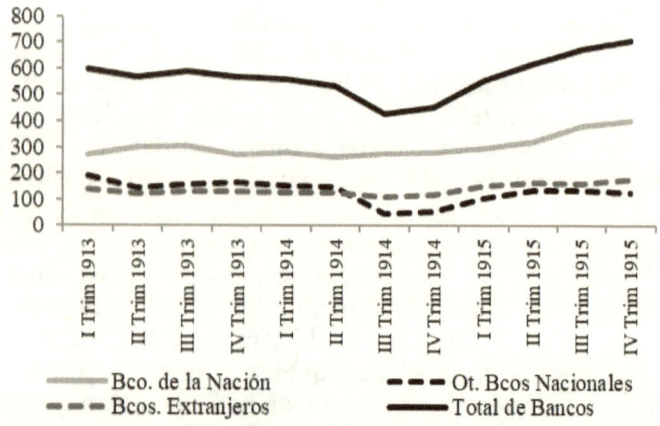

Gráfico III.7. Nivel de liquidez, 1913-1915
Millones de pesos moneda nacional

Nota: el total de bancos es calculado como la suma del Banco de la Nación, bancos nacionales (excluido el Banco de la Nación) y bancos extranjeros.
Fuente: véase Apéndice.

De esta manera, la crisis bancaria desatada por el estallido de la Primera Guerra Mundial fue muy corta y sin pérdida de activos financieros para los ahorristas, ya que los bancos pudieron hacer frente al retiro inusitado de depósitos. Esto, como se vio, fue gracias al salvataje realizado con las reservas extra de la Caja de Conversión (el Fondo de Conversión).

Después de sorteada la corrida, los depósitos en términos reales crecieron de manera agigantada, logrando superar la tendencia global a partir de 1918 (véase gráfico III.8). Es así que las tasas de crecimiento fueron las más altas de todos los períodos: 19,2% para el Banco de la Nación y 14,3% para el resto de los bancos. La caída de los depósitos y su acelerada recuperación permiten explicar la elevada variabilidad que se registró en estos años de guerra: 21,4% para el Banco de la Nación y 36,2% para el resto de los bancos, siendo este último porcentaje el más alto de todos los períodos. Tal recuperación de los depósitos estuvo asociada al saldo positivo que mostró la balanza de pagos luego de 1914.

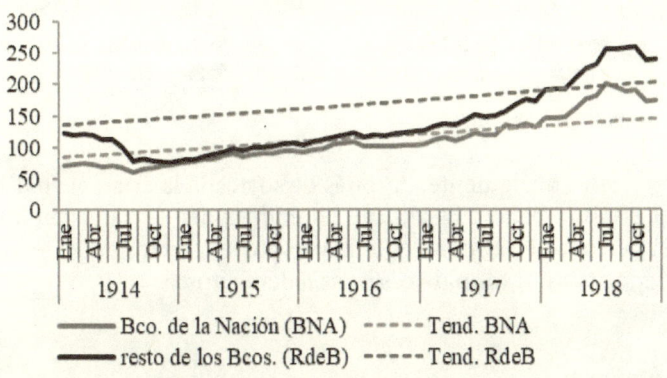

Gráfico III.8. Depósitos del Banco de la Nación y del resto de los bancos, 1914-1918
Millones de pesos moneda nacional

Nota: los depósitos están deflactados por la tasa de interés.
Fuente: véase Apéndice.

La Primera Guerra Mundial, además, casi no alteró la posición de liquidez de los bancos. El Banco de la Nación mostró una razón de reservas a depósitos promedio del 46%, apenas 2 puntos menos que en el período del Progreso; y la razón del resto de los bancos pasó de un 33% promedio (en el período anterior) a un 36% en estos años (véase gráfico III.9).

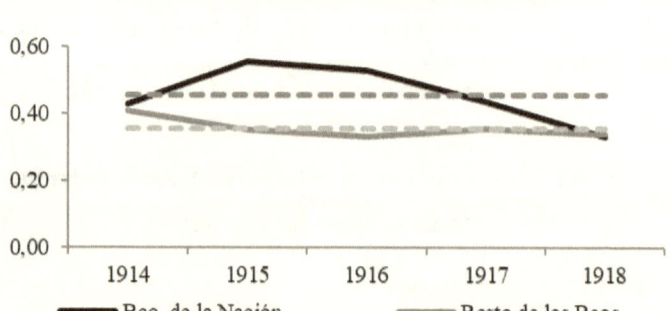

Gráfico III.9. Ratio reservas a depósitos, 1914-1918
Ambas variables tomadas en pesos moneda nacional

Fuente: véase Apéndice.

Por consiguiente, después de sorteada la crisis en 1914, el sistema bancario continuó siendo igual de sano que en el período del Progreso, a juzgar por el crecimiento de los depósitos y el ratio de reservas a depósitos.

III.5. El Estado

Con el estallido de la Primera Guerra Mundial, la situación fiscal también se deterioró en 1914. El resultado primario se tornó negativo y el financiero alcanzó los 3 puntos negativos del PBI. Luego, la *performance* fiscal fue mejorando hasta llegar al año 1918 con un resultado primario levemente positivo y uno financiero de 1,14 puntos negativos (véase gráfico III.10).

Gráfico III.10. Resultados primario y financiero de la Administración Pública Nacional, 1913-1918.
Como % del PIB.

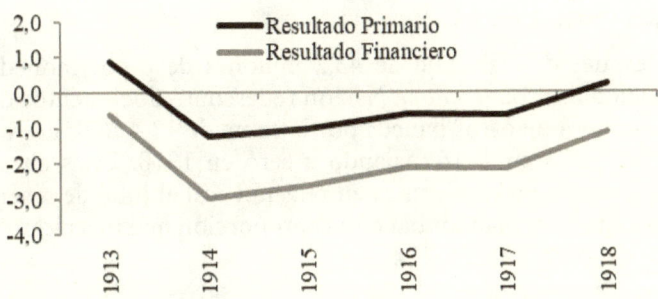

Fuente: Ferreres (2005).

La disciplina fiscal en estos años fue indiscutible: los gastos totales en relación con el PBI descendieron de manera continua. Empero, los ingresos también mostraron una pendiente negativa, debido a la caída de las importaciones (véase gráfico III.11).

Gráfico III.11. Ingresos y gastos totales de la Administración Pública Nacional, 1913-1918.
Como % del PIB.

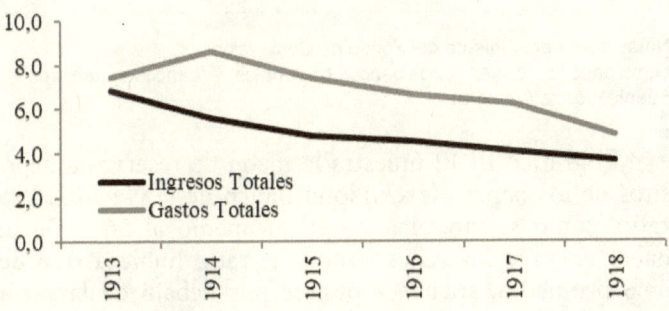

Fuente: Ferreres (2005).

III.6. El Banco de la Nación y las funciones bancocentralistas

Los redescuentos

Después del salvataje de 43,2 millones de pesos moneda nacional, el Banco de la Nación redescontó documentos de la cartera de otros bancos por la suma de 13,4 millones en 1915, 15,6 en 1916, bajando a cero en 1918. Estas cifras resultaron insignificantes en relación con el total de reservas que sostenían los bancos; la proporción máxima alcanzó el 5% (véase cuadro III.4).

Cuadro III.4. Redescuentos del BNA a otros bancos, 1914-1918.
Millones de pesos moneda nacional

Años	Redescuentos BNA a otros bancos (1)	(1) / Reservas otros bancos
1914	43,20*	17%
1915	13,40	5%
1916	15,60	5%
1917	6,60	2%
1918	–	0%

Nota: *suma proveniente del Fondo de Conversión.
Otros bancos incluyen "otros bancos nacionales" y "bancos extranjeros".
Fuente: véase Apéndice.

El gráfico III.12 muestra la razón de reservas a depósitos de los bancos (excluido el Banco de la Nación). Este ratio, como se vio, alcanzó en promedio al 36%. De no haber existido los redescuentos, el ratio hubiera sido del 34% promedio, apenas 2 puntos por debajo de la razón promedio observada.

Gráfico III.12. Razón reservas a depósitos del resto de bancos, 1914-1918.
Ambas variables tomadas en pesos moneda nacional

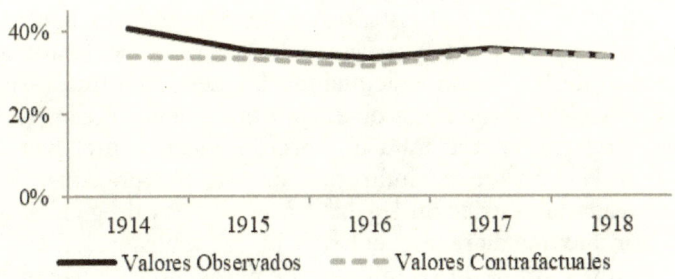

Nota: los valores contrafactuales se obtienen restando de las reservas los redescuentos y luego dividiendo el resultado por los depósitos.
Fuente: véase Apéndice.

Por consiguiente, la liquidez de los otros bancos no dependió de los redescuentos de documentos por parte del Banco de la Nación durante la Primera Guerra Mundial. Esto le da más fuerza a la tesis de que el sistema bancario continuó siendo sano después de sorteada la crisis de 1914.

El financiamiento al Estado

El Banco de la Nación jugó un papel importante en el financiamiento al Estado durante la Gran Guerra. Por una parte, le otorgó financiamiento de corto plazo, a través de la Cuenta de la Tesorería General. El saldo de dicha cuenta fue negativo, ascendente y excedió el límite legal desde 1916.[18] Aun así, ello no fue suficiente. A partir de 1915, se creó una fuente extraordinaria de financiamiento de corto plazo, los redescuentos de Letras de Tesorería. El propósito era "sostener, con capitales nacionales disponibles, la deuda flotante del Estado". El instrumento de crédito

---

[18] Recordemos que la Ley 4507 de 1904 establecía que el saldo negativo debía ser menor o a lo sumo igual al 20% del capital del Banco.

fueron las Letras de Tesorería, "emitidas generalmente al plazo de 180 días"[19] y generalmente también renovables. La operación consistió en que los bancos descontaban directamente las letras al Estado o a los proveedores/contratistas de este; pero, a su vez, solicitaban los adelantos al Banco de la Nación caucionando las Letras de Tesorería. El objetivo de toda esta operación era que, jurídicamente, la deuda no apareciera a nombre del Estado en el Banco de la Nación (deuda indirecta); de esta manera, quedaba sorteada la restricción legal.[20] En estos años de guerra, el valor máximo de redescuentos de Letras se alcanzó en 1917 con una cifra de 112,5 millones de pesos moneda nacional (véase cuadro III.5).

Cuadro III.5. Financiamiento de corto plazo del BNA al Estado: Cuenta de Tesorería General de la Nación y redescuentos de Letras de Tesorería, 1914-1918.
Millones de pesos moneda nacional

Años	Cuenta "Tesorería Gral. de la Nación"			Redescuento Letras de Tesorería
	Saldos deudores	Límite legal	Excesos	
1914	0,7	32,2		0,0
1915	21,5	32,2		49,6
1916	52,6	32,2	20,3	59,2
1917	49,4	32,7	16,8	112,5
1918	56,0	34,0	22,0	80,0

Fuente: BNA (1941).

---

[19] BNA, 1941, p. 344.
[20] Véase también Carballo (2008), Regalsky (2010), y Regalsky e Iglesias (2015).

Por otra parte, el Banco de la Nación le otorgó financiamiento de largo plazo al Estado, a través de los fondos públicos nacionales. Ellos alcanzaron un valor por encima de 40 millones de pesos moneda nacional a partir de 1917. A diferencia de la Cuenta de la Tesorería General, la inversión en estos títulos no excedió el límite legal establecido por la Ley 4507 de 1904 (veinte por ciento de los fondos del Banco) (véase cuadro III.6).

Cuadro III.6. Otras fuentes de financiamiento del Estado por parte del BNA: préstamos oficiales y fondos públicos, 1914-1918.
Millones de pesos moneda nacional

Años	Préstamos oficiales	Fondos públicos
1914	0,0	s/d
1915	0,0	s/d
1916	0,0	21,3
1917	73,4	44,0
1918	454,5	42,6

Fuente: BNA (1941).

También apareció una nueva forma de financiamiento de largo plazo en los años de guerra: los préstamos oficiales. En 1917, por la Ley 10.251, se autorizó al Banco de la Nación a prestar al Estado nacional 73,49 millones de pesos moneda nacional. El destino fue la cancelación del endeudamiento con The National City Bank y The Guaranty Trust Company, ambos organismos de Nueva York. Esta deuda con el Banco de la Nación se regularizó recién en 1925. En 1918, por la Ley 10.350, se otorgó otro crédito extraordinario al gobierno nacional por 200 millones de pesos oro equivalentes a 454,54 millones de pesos moneda nacional. El destino fue "la adquisición, por Francia e

Inglaterra, del sobrante de nuestra cosecha de trigo y lino, estimado aproximadamente en 2.500.000 toneladas"[21] (véase cuadro III.6).

El gráfico III.13 muestra el resultado financiero de la Administración General en valores observados y contrafactuales (excluido el financiamiento del Banco de la Nación). Como puede advertirse, dicho financiamiento fue en aumento en los años de guerra. De no haber existido, el déficit financiero hubiera alcanzado los 689 millones de pesos papel –siete veces más– en lugar de 99 millones, que fue el valor observado en 1918.

Gráfico III.13. Resultado financiero de la Administración General (valores observados y contrafactuales), 1914-1918.
Millones de pesos moneda nacional

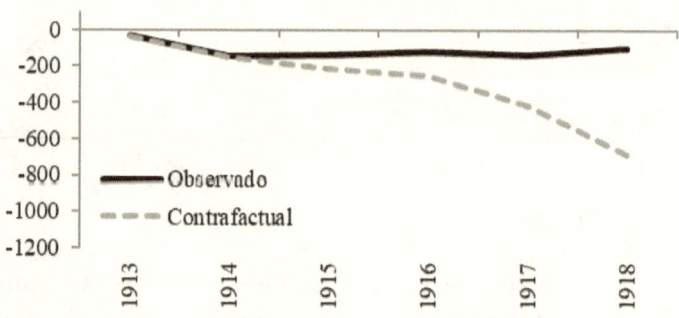

Nota: los valores contrafactuales se calculan restando del resultado el financiamiento del Banco Nación.
Fuente: BNA (1941) y Ferreres (2005).

---

[21] BNA, 1941, pp. 342-343.

El sacrificio

Cabe preguntarse: ¿cuál fue el sacrificio, en términos de liquidez, que debió enfrentar el Banco de la Nación por sus funciones bancocentralistas? Para responder a este interrogante, hemos realizado el siguiente ejercicio contrafactual:

1. Se tomó como indicador de liquidez del Banco de la Nación la razón reservas a depósitos.
2. Se sumó a las reservas del Banco de la Nación los redescuentos de documentos de las carteras de otros bancos y se calculó nuevamente la razón reservas a depósitos (contrafactual 1).
3. Se sumó a las reservas del Banco de la Nación el financiamiento del sector público y se calculó de nuevo la razón reservas a depósitos (contrafactual 2).

Los resultados aparecen en el gráfico III.14. El sacrificio del Banco de la Nación, en términos de liquidez, por redescontar documentos de otros bancos fue insignificante. En cambio, el sacrificio por financiar al Estado fue importante. Como se vio, la razón reservas a depósitos promedio del Banco fue del 46%. De no haberse redescontado documentos de otros bancos, la razón hubiese sido del 47% (un punto porcentual más); y de no haberse financiado al Estado, hubiese sido del 69% (o sea 23 puntos porcentuales más). Claramente, la presión sobre las disponibilidades del Banco de la Nación vino de las finanzas públicas y no de las otras entidades bancarias.

Gráfico III.14. Razón reservas a depósitos del BNA: observada; contrafactual 1 (sin redescuentos a otros bancos); contrafactual 2 (sin financiamiento al Estado). 1914-1918
Todas las variables tomadas en pesos moneda nacional

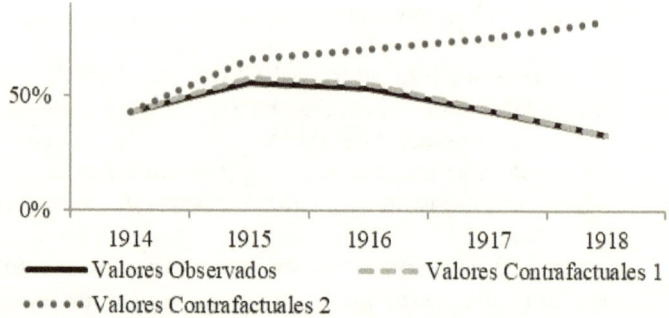

Fuente: véase Apéndice y BNA (1941).

III.7. Conclusiones

En el año 1914, con motivo del estallido de la Primera Guerra Mundial, la balanza de pagos argentina exhibió signo negativo. Pero luego, entre 1915 y 1918, dicho signo se tornó positivo.

Los diseñadores de política económica se anticiparon a lo que podía acontecer; y en el mes de agosto de 1914 se sancionó un paquete de leyes de emergencia. Los principales cambios en las reglas del juego fueron:

1. Se suspendía el compromiso del Estado nacional con la convertibilidad del dinero doméstico a cantidades fijas de oro. La Argentina pasaba a operar bajo un sistema papel moneda inconvertible, donde el precio del oro se fijaba en el mercado.

2. Se autorizaba la conversión y movilización del Fondo de Conversión en la forma que se considerase conveniente.
3. Se autorizaba a la Caja de Conversión a realizar operaciones de redescuentos, siempre y cuando el volumen de las reservas metálicas fuera mayor o igual al 40% de la base monetaria. Ello significaba un alejamiento sustancial de las reglas básicas del modelo. No obstante, este alejamiento no se dio en la práctica. La Caja solo tuvo como contrapartida de los billetes circulantes a las reservas.

En conformidad con los cambios institucionales, la Caja de Conversión ya no tenía la obligación de convertir sus billetes a la relación fija con el peso oro. En consecuencia, como era de esperar, no siguió el principio de la *Currency School*; pero tampoco siguió el patrón oro *de una sola vía*. El comportamiento predominante fue lo que llamamos de autorregulación.

Respecto al Fondo de Conversión, y en concordancia con las nuevas reglas del juego, el 1 de septiembre de 1914 se movilizó la cantidad de 20 millones de pesos oro, equivalentes a 45,5 millones de pesos moneda nacional. El destino fue el salvataje al sistema bancario; en particular, al resto de los bancos. Así, apareció una función bancocentralista, que se llevó a cabo sin la creación de dinero primario, sino haciendo uso de las reservas metálicas extra de la Caja de Conversión (es decir, el Fondo).

Con el inicio de la Gran Guerra, el público en Argentina mostró una preferencia por la liquidez. Dicha preferencia se tradujo en un aumento en el uso de billetes en desmedro de los depósitos. El público entró en pánico y comenzó una inesperada corrida. No obstante, la crisis bancaria fue muy corta y sin pérdida de activos financieros para los ahorristas, ya que los bancos pudieron hacer frente al retiro inusitado de depósitos. Esto fue gracias al salvataje realizado con las reservas extra de la Caja de Conversión.

Después de sorteada la crisis, el sistema bancario continuó siendo igual de sano que en el período del Progreso. Los depósitos en términos reales –deflactados por la tasa de interés– mostraron altas tasas de crecimiento y los ratios de liquidez –reservas a depósitos– también fueron altos.

Con el comienzo de la Primera Guerra, la situación fiscal también se deterioró. Los ingresos públicos declinaron debido a la caída de las importaciones. Y si bien la disciplina fiscal fue indiscutible en los años que duró el conflicto, los gastos siempre se ubicaron por encima de los ingresos.

El Banco de la Nación desplegó las funciones bancocentralistas por primera vez luego de 1914. La presión por financiamiento no vino de los otros bancos sino de las finanzas públicas. Esta presión fue en aumento a lo largo de los años de guerra. El Estado recibió ayuda financiera a través de los descubiertos en Cuenta de la Tesorería General y de los fondos públicos nacionales. Pero ello no alcanzó. Aparecieron así fuentes extraordinarias como los redescuentos de Letras de Tesorería y préstamos oficiales.

IV. Los años veinte, 1919-1928

> Los meses posteriores al fin de las hostilidades estuvieron caracterizados por [...] un *boom* espectacular (y corto) (Barbero et ál., 2007: 280).
> El fin del *boom* fue doloroso: mostró que la recuperación no era cuestión de unos pocos meses (p. 282).
> La situación parecía haber vuelto a la calma en 1924 y se vislumbraba la posibilidad de que retornara lo que un presidente norteamericano llamó "normalidad" (Hobsbawn, 2009: 97).

Una vez terminada la guerra tuvo lugar un *boom* económico, acompañado de una acelerada inflación. La demanda reprimida durante el conflicto se liberó en los meses siguientes y la oferta no fue capaz de responder inmediatamente en toda su magnitud, debido a pérdidas en las instalaciones físicas, daños en las áreas agrícolas y en las redes de transportes. Ello se tradujo en un aumento generalizado de los precios, lo cual estuvo agravado por las políticas fiscales y monetarias expansivas dirigidas a apresurar la recuperación.

Este *boom* inicial fue muy corto: "la recuperación no era cuestión de unos pocos meses" (Barbero et ál., 2007: 282). El Sistema de Reserva Federal (Fed), frente a la salida de reservas,

> decidió aumentar la tasa de descuento, restringir los créditos y eliminar el peligro de que sus reservas no mantuvieran el nivel requerido. La recesión alcanzó a Europa pues Francia y Gran Bretaña también aumentaron sus tasas de interés, para contrarrestar el efecto de una salida adicional de reservas (Cortés Conde, 2003: 190).

Además tuvieron lugar las hiperinflaciones europeas, siendo el caso más estudiado la de Alemania en 1923.

Hacia 1925 parecía que los problemas producidos por la guerra quedaban superados, al menos en la superficie. Parecían estar dadas las condiciones para retornar a la "normalidad", simbolizada en buena medida por el sistema de patrón oro. Gran Bretaña regresó al patrón de cambio oro en 1925. Para fines de la década ya había cerca de 50 países que habían regresado al patrón de cambio oro (Marichal, 2010: 97).

IV.1. La balanza de pagos

En 1919/1920, la cuenta capital pasó directamente a mostrar signo negativo: un valor medio de -83,4 millones de dólares. Las importaciones se mantuvieron bastante por debajo de las exportaciones: el valor medio de las primeras fue de 683,4 millones de dólares, en tanto que el de las segundas fue de 976,5 millones. Este saldo positivo de la balanza comercial permitió cubrir el pago de los servicios financieros y el saldo negativo de la cuenta capital, quedando un remanente destinado a aumentar las reservas de oro del país. De este modo, la balanza de pagos exhibió un saldo positivo en estos años: un valor medio de 67,9 millones de dólares (véase gráfico IV.1).

Los años de 1921 a 1924 fueron años de salida de reservas. El valor mediana de las importaciones (579,58 millones de dólares) superó en algo al de las exportaciones (557,42 millones). Las razones fueron de precios y no de cantidades. La contracción internacional de 1921 estuvo acompañada de una declinación de los precios de los productos primarios –en particular, de la ganadería–,[1] lo que explicaría el comportamiento relativo de las exportaciones. La entrada de capitales externos se restableció (el saldo de la

---

[1] El precio de exportación de la carne vacuna, luego de alcanzar un máximo en 1919, cayó hasta 1924 a una tasa promedio anual de 15%. Véase Ferreres (2005).

cuenta capital registró un valor mediana de 72,09 millones de dólares), pero no alcanzó para afrontar el pago de los servicios financieros. En consecuencia, el saldo de la balanza de pagos se tornó negativo: un valor mediana de -16,15 millones de dólares (véanse gráficos IV.1 a IV.3).

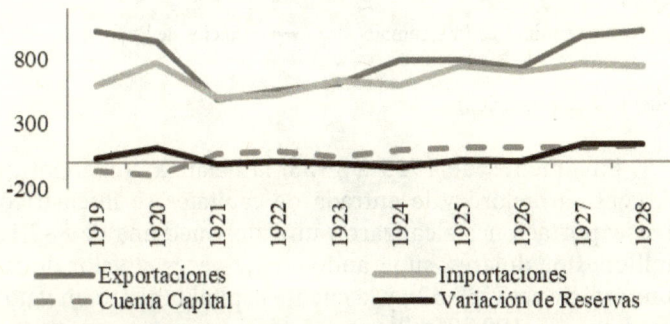

Gráfico IV.1. Balanzas de pagos, 1919-1928
Millones de dólares

Fuente: Ferreres (2005).

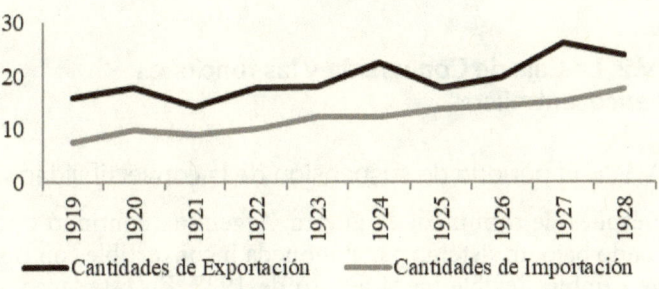

Gráfico IV.2. Cantidades exportadas e importadas, 1919-1928
Índice. 1993=100

Fuente: Ferreres (2005).

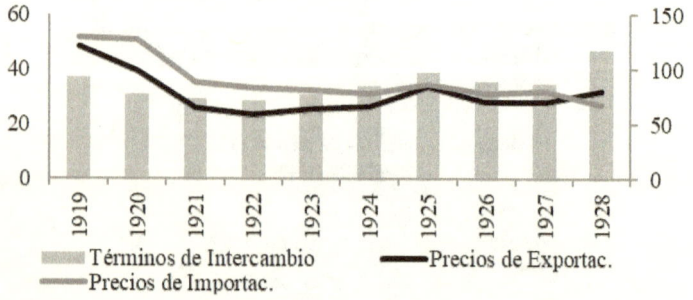

Gráfico IV.3. Precios de comercio exterior, 1919-1928
Índice. 1993=100

Fuente: Ferreres (2005).

Finalmente, de 1925 a 1928, la balanza comercial de Argentina mejoró y la entrada de capitales se intensificó. Las exportaciones alcanzaron un valor mediana de 882,10 millones de dólares, superando en 1,2 veces el valor de las importaciones (739,38); y la cuenta capital registró un valor mediana de 109,70 millones. Ambas fuerzas permitieron equilibrar la balanza de pagos en 1925-1926 y alcanzar superávit en 1927-1928; el saldo fue de 71,60 millones de dólares (valor mediana) en estos cuatro años (véase gráfico IV.1).

IV.2. La Caja de Conversión y las funciones bancocentralistas

IV.2.1. El período de suspensión de la convertibilidad

Después de terminada la guerra, Argentina continuó operando bajo un sistema papel moneda inconvertible con tipo de cambio flexible hasta agosto de 1927. En este lapso, el comportamiento predominante de la Caja de Conversión fue el mismo que durante la Primera Guerra Mundial, el de autorregulación.

El gráfico IV.4 –un diagrama de dispersión entre las variaciones de las reservas y la base monetaria– muestra lo expresado. Obsérvese que la mayoría de las variaciones de las reservas están acompañadas por constancias de la base monetaria. El cuadro V.1 –tabla de contingencia entre las variaciones de las reservas y la base monetaria– confirma lo anterior. En efecto:

De un total de 45 casos de variaciones negativas de las reservas, 37 (o sea el 82%) fueron acompañadas por constancias en los billetes circulantes.

De un total de 56 casos de variaciones positivas de las reservas, 40 (o sea el 71%) estuvieron acompañadas por constancias en los billetes circulantes.

Gráfico IV.4. Dispersión entre la base monetaria y las reservas metálicas, enero 1919-julio 1927
Variaciones mensuales de cada variable (primera diferencia)

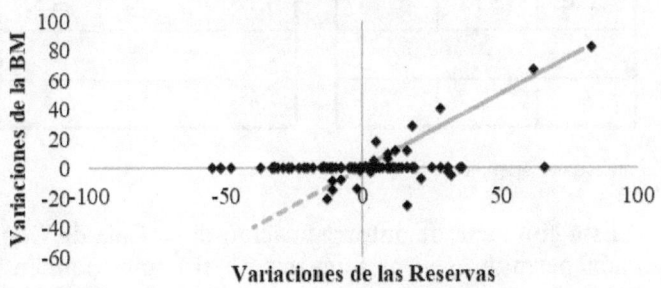

Fuente: véase Apéndice.

Cuadro IV.1. El comportamiento de la Caja de Conversión, enero 1919-julio 1927
Variaciones mensuales de cada variable (primera diferencia)

		Variación de la Base Monetaria			Total
		$\Delta M < 0$	$\Delta M = 0$	$\Delta M > 0$	
Variación del Oro	$\Delta R < 0$	6	37	2	45
	$\Delta R = 0$	0	2	0	2
	$\Delta R > 0$	5	40	11	56
Total		11	79	13	103

$\Delta M < 0$ y $\Delta R < 0$			$\Delta M > 0$ y $\Delta R > 0$		
$\|\Delta M\| > \|\Delta R\|$	$\|\Delta M\| = \|\Delta R\|$	$\|\Delta M\| < \|\Delta R\|$	$\|\Delta M\| > \|\Delta R\|$	$\|\Delta M\| = \|\Delta R\|$	$\|\Delta M\| < \|\Delta R\|$
6			11		
4	1	1	5	3	3

Fuente: véase Apéndice.

Esta conducta de autorregulación de la Caja de Conversión permite explicar nuevamente el comportamiento del tipo de cambio entre enero de 1919 y agosto de 1927. Cuando las reservas disminuían, la Caja mantenía constante la base monetaria (cerraba sus puertas), lo que se reflejaba en una depreciación del tipo de cambio; es decir, el tipo de cambio observado subía. Y cuando las reservas aumentaban, la Caja también mantenía constante la base, lo que llevaba a que el tipo de cambio bajara. Ello permitió que con la vuelta a la "normalidad", la balanza de pagos mostrara saldo positivo y el tipo de cambio fuera bajando hasta alcanzar el de paridad (2,27 pesos papel por 1 peso oro). Así, la Argentina entró al patrón de cambio oro en agosto de 1927, sin problema de sobrevaluación de la moneda doméstica (véase gráfico IV.5).

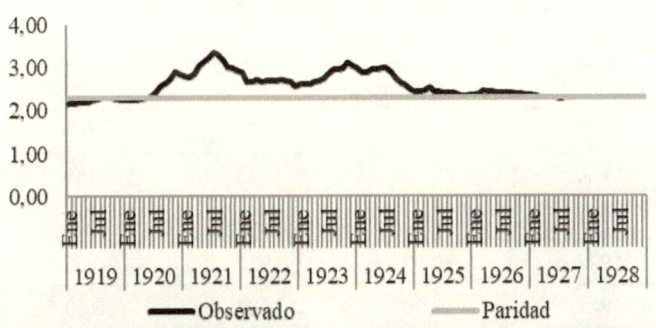

Gráfico IV.5. Tipo de cambio, 1919-1928
Pesos moneda nacional por peso oro

Fuente: véase Apéndice.

En cuanto al Fondo de Conversión, en el año 1924, fueron movilizados los 10 millones de pesos oro remanentes[2] para el pago de los servicios de la deuda externa. En efecto:

> El 1º de enero de 1924 vencía el cupón de la deuda externa por 1.200.000 libras esterlinas y como la compra de cambios telegráficos sobre Londres, para su pago, ocasionaría quebrantos, se vio la conveniencia de hacer uso del Fondo de Conversión que la Ley Nº 9479 autorizaba.[3]

---

[2] Recordemos que, en el año 1914, se habían movilizado 20 millones de pesos para el salvataje del sistema bancario.
[3] BNA, 1941, pp. 347-348.

Luego, este préstamo del Fondo fue cambiado por un préstamo del Banco de la Nación –como se verá en la sección IV.5–. En 1925, un año después, se devolvieron 7,09 millones de pesos oro (véase cuadro IV.2). De esta forma, la Caja de Conversión vuelve a llevar adelante funciones bancocentralistas, a través del uso de las reservas extra (el Fondo de Conversión). Esta vez fue para prestarle al Estado.

Cuadro IV.2. Fondo de Conversión depositado en el BNA, 1919-1928
Millones de pesos oro

Años	Fondo de Conversión	Años	Fondo de Conversión
1919	10,00	1924	0,00
1920	10,00	1925	7,09
1921	10,00	1926	7,09
1922	10,00	1927	30,00
1923	10,00	1928	30,00

Fuente: Salama (1998: 396).

IV.2.2. La entrada al patrón de cambio oro

La suspensión de la convertibilidad fue levantada por decreto en agosto de 1927.[4] A partir de esta fecha y hasta diciembre de 1929, la Argentina volvió a operar al tipo de cambio legal de 2,27 pesos papel por 1 peso oro bajo el patrón de cambio oro. Nuevamente, la limitación del *trilema* macroeconómico se puso en funcionamiento: tipo de cambio fijo, libre movilidad de capitales y, por tanto, ausencia de política monetaria independiente.

---

[4] Memoria de Hacienda, 1927, 1: 86. En Quinteros Ramos, 1970, p. 237.

El gráfico IV.6 –un diagrama de dispersión entre las variaciones de las reservas y la base monetaria– nos revela que existió una asociación lineal fuerte y directa entre ambas variables. Y el cuadro IV.3 muestra los resultados de la regresión. Como puede observarse, se confirma que existió una relación de uno a uno entre la base monetaria y las reservas metálicas. Es decir que la Caja de Conversión siguió de manera estricta el principio de la *Currency School* durante los veintiocho meses que estuvo en vigencia el patrón de cambio oro: las expansiones y contracciones en la cantidad nominal de dinero primario correspondieron exactamente con las expansiones y contracciones en la moneda de reserva.

Gráfico IV.6. Dispersión entre la base monetaria y las reservas metálicas, agosto 1927-noviembre 1929
Variaciones mensuales de cada variable (primera diferencia)

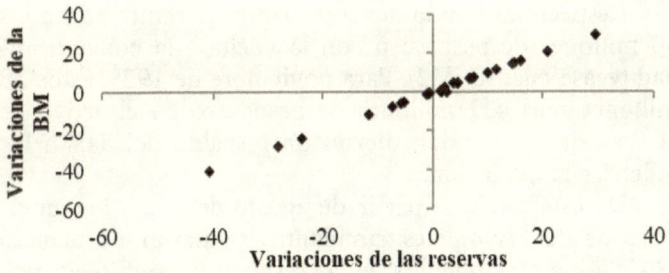

Fuente: véase Apéndice.

**Cuadro IV.3. Regresión entre la base monetaria y las reservas metálicas,
agosto 1927-noviembre 1929**
Variaciones mensuales de cada variable (primera diferencia)

Coeficiente β estimado (MCG)	1,0000062
Error estándar	0,000719
T observado (H0:β=0)	1391,56 (<0,0001)
T observado (H0:β=1)	0,00862 (0,993)
Número de observaciones	26
R cuadrado (H0:β=0)	0,999987

Nota: la base monetaria y las reservas están expresadas en millones de pesos papel, siendo las reservas evaluadas a la paridad de 2,27 pesos papel por peso oro. Las variables están expresadas en primeras diferencias y se han usado mínimos cuadrados ordinarios. Y los valores entre paréntesis corresponden a los p-value asociados a cada prueba.
Fuente: véase Apéndice.

Respecto al Fondo de Conversión, se reintegraron los 30 millones de pesos oro con la vuelta a la convertibilidad (véase cuadro IV.2). Para noviembre de 1929, estos 30 millones más 437 millones de pesos oro en el activo de la Caja de Conversión dieron un respaldo del 84% a los billetes en circulación.

De este modo, a partir de agosto de 1927, los movimientos de los billetes circulantes siguieron de manera estricta los movimientos de las reservas (se siguió el principio de la *Currency School*) y el Fondo de Conversión fue totalmente reintegrado. Todo parecía haber vuelto a la "normalidad".

IV.3. El sistema bancario

En el primer quinquenio de los veinte, el sector bancario se vio afectado por la caída de los precios de las exportaciones, que acompañó a la crisis de 1921 y se prolongó hasta el año 1924 inclusive. En tal sentido, la tasa de crecimiento de los depósitos en términos reales del Banco de la Nación fue de solo 2,30% promedio anual entre 1919 y 1924; y su ratio de reservas a depósitos sufrió un deterioro del 46,69% entre 1921 y 1924. En los otros bancos, la tasa de crecimiento de los depósitos fue del 1,1% durante los primeros años de la década; y el ratio reservas a depósitos sufrió una caída del 30% en 1924 (véase gráficos IV.7 y IV.8).

Gráfico IV.7. Depósitos del Banco de la Nación y del resto de los bancos, 1919-1928
Millones de pesos moneda nacional

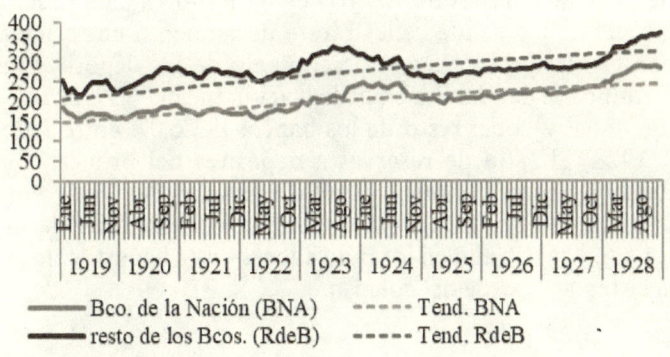

——— Bco. de la Nación (BNA)   ----- Tend. BNA
——— resto de los Bcos. (RdeB)   ----- Tend. RdeB

Fuente: véase Apéndice.

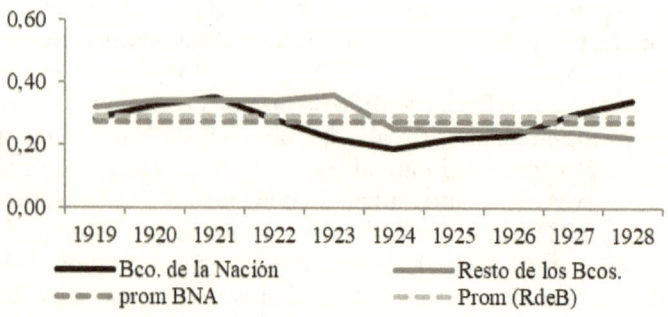

Gráfico IV.8. Ratio reservas a depósitos, 1919-1928
Ambas variables tomadas en pesos moneda nacional

Fuente: véase Apéndice.

En los años siguientes, la *performance* del sector mejoró; pero no alcanzó para recuperar la posición financiera previa a la crisis de 1921 (a diferencia de lo que había sucedido después de la crisis de 1914). Los indicadores para toda la década de los veinte reflejan este decaimiento en relación con el pasado. La tasa de crecimiento de los depósitos en términos reales del Banco de la Nación fue del 6,9% promedio anual y la del resto de los bancos del 6,0% entre 1919 y 1928. El ratio de reservas a depósitos del primero fue del 27% promedio anual y de los segundos del 29% (véase gráficos IV.7 y IV.8). Como puede observarse, este decaimiento –registrado en los indicadores– está lejos de colocar al sistema al borde del colapso.

IV.4. El Estado

En el año 1920, las cuentas públicas exhibieron una posición de equilibrio: el resultado primario fue de 1,27% del PBI y el financiero del 0,20%. Luego la situación se fue deteriorando, presentándose dos importantes déficits financieros: uno de 1,89 puntos negativos del PBI en 1922 y el otro de 3,29 en 1927. Finalmente, se llegó al año 1928 con un déficit financiero de 1,52 puntos negativos del PBI (véase gráfico IV.9).

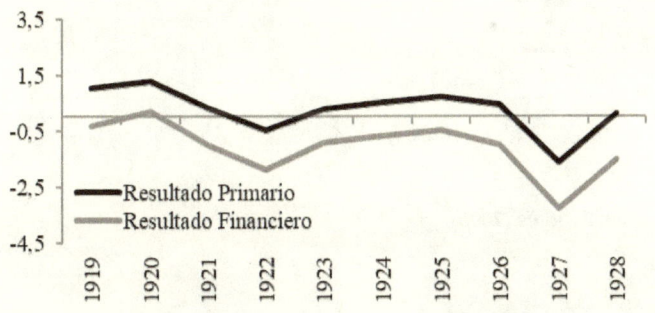

Gráfico IV.9. Resultados primario y financiero de la Administración Pública Nacional, 1919-1928.
Como % del PIB

Fuente: Ferreres (2005).

En esta década, se observa una decidida intervención del Estado en la economía. El gasto público en 1928 fue 1,7 veces el de 1920. En cuanto a los ingresos totales, estos mostraron una tendencia creciente a lo largo del período, explicada en gran parte por el aumento de las importaciones. No obstante, ello no alcanzó. Después de 1920, los gastos se encontraron por encima de los ingresos (véase gráfico IV.10).

Gráfico IV.10. Ingresos y gastos totales de la Administración Pública Nacional, 1919-1928.
Como % del PIB

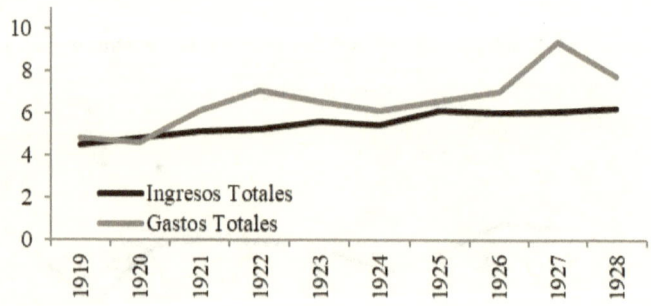

Fuente: Ferreres (2005).

IV.5. El Banco de la Nación y las funciones bancocentralistas

Los redescuentos

Los redescuentos del Banco de la Nación a los otros bancos comenzaron a cobrar significancia a partir de 1923, cuando fue rescatado un banco privado, de larga trayectoria y fuerte liderazgo (el Banco Español del Río de la Plata).[5] En este año, el monto de los redescuentos alcanzó los 107 millones de pesos moneda nacional, representando el 15% de las reservas de los bancos. Luego, dicho monto llegó a un máximo de 147 millones (30% de las reservas) en 1926, para descender a 91,6 millones (18% de las reservas) en 1928 (véase cuadro IV.4).

---

[5] Sobre el salvataje al Banco Español, véase Regalsky e Iglesias (2015: 122-131).

Cuadro IV.4. Redescuentos del BNA a otros bancos, 1919-1928.
Millones de pesos moneda nacional

	Redescuentos BNA a otros Bancos (1)	(1) / Reservas otros bancos
1919	–	0%
1920	–	0%
1921	37,90	5%
1922	12,90	2%
1923	107,00	15%
1924	121,60	25%
1925	123,00	26%
1926	147,20	30%
1927	106,40	21%
1928	91,60	18%

Fuente: véase Apéndice.

El gráfico IV.11 muestra la razón reservas a depósitos de los bancos (excluido el Banco de la Nación). Se observa que, en 1923, dicha razón alcanzó un máximo del 36%; al año siguiente, descendió al 25% y para 1928 al 22%. ¿Qué hubiera pasado si el Banco de la Nación no hubiera redescontado los documentos de estos bancos? El ratio hubiese sido significativamente menor que el observado. El valor medio, que fue del 29% entre 1919 y 1928, hubiese sido del 26%. Aun así, de no haber existido los redescuentos, la razón reservas a depósitos no hubiera alcanzado valores alarmantes. El sistema no era insano en los años veinte.

Gráfico IV.11. Razón reservas a depósitos del resto de los bancos (valores observados y contrafactuales), 1919-1928.
Ambas variables tomadas en pesos moneda nacional

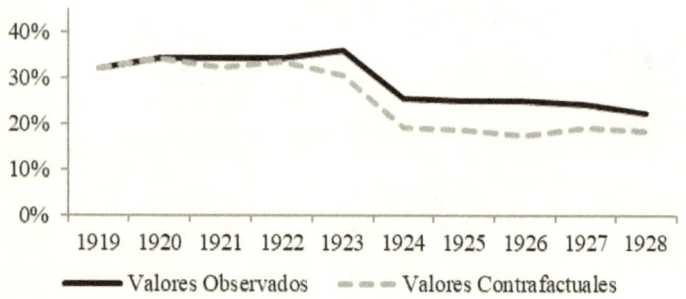

Fuente: véase Apéndice.

El financiamiento al Estado

A pesar de concluida la contienda mundial, el Banco de la Nación continuó siendo una fuente importante de financiamiento del déficit público. El saldo de la Cuenta de la Tesorería General excedió el límite legal en dos oportunidades (1919 y 1921) y los redescuentos de Letras de Tesorería llegaron a un máximo de 281,5 millones de pesos moneda nacional en 1924 (véase cuadro IV.5).

Cuadro IV.5. Financiamiento a corto plazo del BNA al Estado: Cuenta de Tesorería General de la Nación y redescuentos de Letras de Tesorería, 1919-1928.
Millones de pesos moneda nacional

Años	Estado de la Cuenta "Tesorería General de la Nación"			Redescuentos Letras Tesorería
	Saldos deudores	Límite legal	Excesos	
1919	64,1	36,4	27,7	160,9
1920	7,8	39,0		169,8
1921	54,3	41,0	13,3	144,1
1922		42,0		211,3
1923		42,0		244,0
1924		42,0		281,5
1925		42,0		269,6
1926		42,4		265,9
1927		43,9		245,6
1928		44,3		268,8

Fuente: BNA (1941).

Por otra parte, los préstamos oficiales continuaron, aunque reduciendo su importancia a partir de 1925. Y los fondos públicos siguieron manteniéndose en promedio por encima de los 40 millones de pesos moneda nacional (véase cuadro IV.6).

Cuadro IV.6. Otras fuentes de financiamiento del BNA al Estado: préstamos oficiales, fondos públicos, adelantos y reintegro de Fondo de Conversión, 1919-1928
Millones de pesos moneda nacional

	Préstamos oficiales	Fondos públicos	Adelantos	Reintegro de Fondo de Conversión
1919	361,5	43,0		
1920	338,4	47,7		
1921	147,8	48,4		
1922	150,9	43,4		
1923	152,7	46,5		
1924	154,6	41,2		
1925	84,6	39,8		
1926	86,7	39,2		
1927	76,1	38,3	1,5	15,9
1928	70,1	38,4	16,7	15,9

Fuente: BNA (1941).

En 1924, como se dijo, se registra una nueva entrada de recursos a las arcas del Estado: 10 millones de pesos oro movilizados del Fondo de Conversión para atender el pago de los servicios de la deuda. El Banco, por su parte, otorgó un adelanto equivalente de aquella cantidad, debiendo restituirse ese fondo en oro sellado.[6] Y

---

[6] BNA, 1941, pp. 347-348.

a principios de 1927 aún se debían al Banco 7.000.000 de pesos oro. En acuerdo del 2 de septiembre, el Gobierno decidió transformar esa deuda a pesos moneda nacional, abriéndose, con tal fin, un descubierto por su equivalente, es decir, por 15.909.090,91, al 5% de interés anual.[7]

Esta deuda del gobierno con el Banco se mantuvo hasta 1935.

Por último, otra nueva fuente de financiamiento fueron los adelantos para la modernización y compra de material naval y militar a partir de 1927. Estos alcanzaron 1,5 millones de pesos moneda nacional en 1927 y 16,7 millones en 1928.

El gráfico IV.12 muestra el resultado financiero de la Administración General observado y el que hubiera existido de no haber contado con el financiamiento del Banco de la Nación. La brecha entre ambos resultados (observado y contrafactual) es grande: en 1920, el resultado fue positivo de 21 millones de pesos moneda nacional y hubiera sido negativo de 485 millones (23 veces más); para 1928, el déficit fue de 180 millones y hubiera sido de 590 millones (3,3 veces más).

---

[7] BNA, 1941, pp. 347-349.

Gráfico IV.12. Resultado financiero de la Administración General (valores observados y contrafactuales), 1919-1928.
Millones de pesos moneda nacional

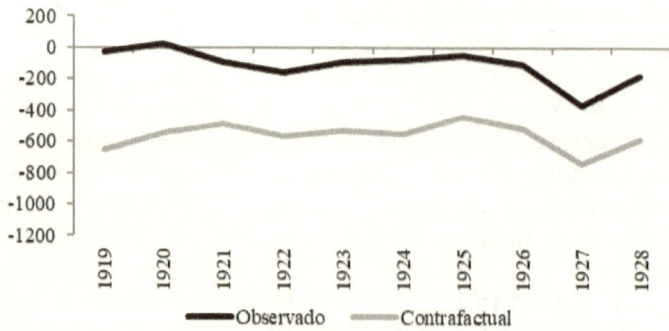

Fuente: Ferreres (2005) y BNA (1941).

El sacrificio

Veamos ahora el sacrificio, en términos de liquidez, que realizó el Banco de la Nación. Como se mostró, su razón reservas a depósitos observada fue del 27% promedio entre 1919 y 1928. Si el Banco no hubiera descontado documentos de otros bancos, la razón promedio hubiese sido del 33% (o sea 6 puntos porcentuales más). Más importante aun fue el sacrificio incurrido por haber financiado al sector público. De no haber existido tal financiamiento, el ratio reservas a depósitos promedio hubiera ascendido al 59% (o sea 32 puntos porcentuales más). No está de más resaltar que la magnitud del financiamiento que recibió el Estado fue mucho mayor que la de los otros bancos (véase gráfico IV.13).

Gráfico IV.13. Razón reservas a depósitos del BNA: observada; contrafactual 1 (sin redescuentos a otros bancos); contrafactual 2 (sin financiamiento al Estado). 1919-1928
Todas las variables tomadas en pesos moneda nacional

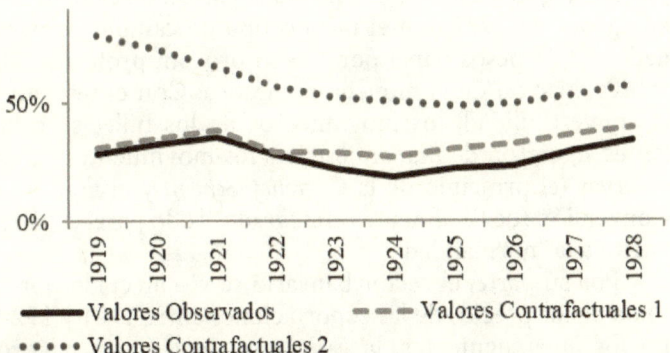

Fuente: véase Apéndice y BNA (1941).

IV.6. Conclusiones

Entre 1921 y 1924, la balanza de pagos argentina registró una salida de reservas, como consecuencia de la crisis internacional de 1921 y de la caída de los precios de la ganadería. Luego, a partir de 1925, el saldo de la balanza de pagos se tornó positivo.

Entre 1919 y 1927, Argentina continuó operando bajo un sistema papel moneda inconvertible con tipo de cambio flexible. En este lapso, el comportamiento predominante de la Caja de Conversión fue el mismo que durante la Primera Guerra Mundial, el de autorregulación. Además, en 1924, el remanente del Fondo de Conversión se prestó al Estado para el pago de los servicios de la deuda externa. La función bancocentralista de la Caja de Conversión apareció aquí –al igual que en 1914– sin creación de dinero primario, sino haciendo uso de las reservas extra (el Fondo).

La conducta de autorregulación de la Caja de Conversión y la entrada de moneda de reserva, a partir de 1925, permitió que el tipo de cambio comenzara su carrera descendente para acercarse al tipo de cambio de paridad. Ello posibilitó que la Argentina entrara al patrón de cambio oro en agosto de 1927 con el mismo tipo de cambio de paridad de 2,27 pesos papel por 1 peso oro, sin problemas de sobrevaluación de la moneda doméstica. Con el retorno a la convertibilidad, los movimientos de los billetes circulantes siguieron de manera estricta los movimientos de las reservas (el principio de la *Currency School*) y el Fondo de Conversión fue totalmente reintegrado. Todo parecía haber vuelto a la "normalidad".

Por su parte, el sector bancario se vio afectado por la caída de los precios de las exportaciones entre 1921 y 1924. En los años siguientes, la *performance* del sector mejoró, pero no alcanzó para recuperar la posición financiera previa a la crisis de 1921 (a diferencia de lo que había sucedido después de la crisis de 1914). Los indicadores para toda la década de los veinte reflejan un decaimiento en relación con el pasado. Asimismo, los redescuentos efectuados por el Banco de la Nación de documentos de la cartera de otros bancos cobraron significancia a partir de 1923. No obstante, y a pesar de lo expresado, el sector bancario no era un subsistema económico insano en la década de 1920.

Respecto al Estado, las cuentas públicas exhibieron una posición de equilibrio en 1920. Empero, la situación financiera se fue deteriorando a lo largo de la década. La razón fue la decidida intervención del Estado en la economía. Si bien los ingresos mostraron una tendencia ascendente (producto del aumento de las importaciones), no alcanzaron a cubrir los crecientes gastos. El Banco de la Nación continuó desempeñando un papel importante en el financiamiento de los déficits. Los descubiertos en la Cuenta de Tesorería General de la Nación, los fondos públicos, los redescuentos de Letras de Tesorería y los préstamos oficiales siguieron siendo las fuentes de financiamiento. A esto se agregó el préstamo por reintegro del Fondo de Conversión y los adelantos para la modernización y compra de material naval y militar. La ayuda pecuniaria que recibió el Estado del Banco fue mucho mayor que la que recibieron los otros bancos.

V. La Gran Depresión, 1929-1934

Fue un acontecimiento de extraordinaria magnitud, que supuso poco menos que el colapso de la economía capitalista mundial, que parecía atrapada en un círculo vicioso donde cada descenso de los índices económicos (exceptuando el del desempleo, que alcanzó cifras astronómicas) reforzaba la baja de todos los demás (Hobsbawn 2009: 98).
Fue una catástrofe que acabó con cualquier esperanza de restablecer la economía y la sociedad del siglo XIX. Los acontecimientos del período 1929-1933 hicieron imposible e impensable, un retorno a la situación de 1913 (114).

La crisis se inició con el *crack* de la Bolsa de Nueva York en octubre de 1929. "El jueves negro (24 de octubre de 1929) de Wall Street tomó por sorpresa a la mayoría de los banqueros, inversores y dirigentes políticos del planeta. Luego vino una caída aun más fuerte el 29 de octubre, cuando el mercado colapsó" (Marichal, 2010: 107-108). Pero ¿qué había sucedido? "En medio del optimismo y de una gran liquidez, los bancos prestaban a los corredores que compraban acciones pagando solo una seña, y las vendían con ganancias al día siguiente". Se había formado una burbuja especulativa. La Reserva Federal subió la tasa a fin de frenar dicha burbuja. Frente a la suba, los bancos reclamaron la devolución de préstamos. Y los corredores, por su parte, salieron a vender las acciones que tenían señadas, "por lo que cuando todos venden los precios se desploman y la corrida se acentúa" (Cortés Conde, 2009: 2).

La situación no terminó allí. En 1930, se registraron corridas bancarias en diversas regiones de Estados Unidos. Luego aparecieron las corridas de 1931, como consecuencia de la crisis europea. Y, finalmente, vino el colapso bancario que se extendió desde septiembre de 1932 hasta marzo de

1933. Con la nueva administración del presidente Franklin Delano Roosevelt, Estados Unidos salió del patrón oro devaluando el dólar papel en abril de 1933.

La crisis no solo tuvo como epicentro a Estados Unidos, sino también a Europa. Comenzó en Austria, en mayo de 1931, cuando el gran banco Creditamstalt de Viena se declaró en quiebra. La desconfianza se extendió en Alemania, entre mayo y junio de 1931, donde provocó corridas bancarias y fuga de capitales. Ambos países salieron del patrón oro, aplicando control de cambios. Seguidamente, la desconfianza llegó a Gran Bretaña. Hacia finales de julio de 1931, el mercado cambiario londinense comenzó a sufrir una fuerte presión producto de la fuga de capitales. Entonces, en septiembre de 1931, se decidió abandonar el patrón oro devaluando la libra papel. Esto marcó el principio del fin del patrón oro como institución monetaria internacional. Pronto una veintena de países siguieron el ejemplo británico.

V.1. La balanza de pagos

En 1929, la balanza de pagos argentina registró una fuerte salida de reservas como consecuencia de la situación internacional. Su saldo fue de -294 millones de dólares. Las exportaciones cayeron un 10,7% respecto al año anterior, debido totalmente al factor precio. Las importaciones, por su parte, tardaron en ajustarse a la nueva situación, mostrando una leve suba del 1,7%. Y la cuenta capital exhibió un abrupto revés: su saldo de 125,11 millones de dólares en 1928 se desplomó a -3,4 millones en 1929[1] (véanse gráficos V.1 a V.3).

---

[1] Sobre la vulnerabilidad externa de la economía argentina de fines de la década del 20, véase O'Connell (1984).

Gráfico V.1. Balanza de pagos, 1928- 1934
Millones de dólares

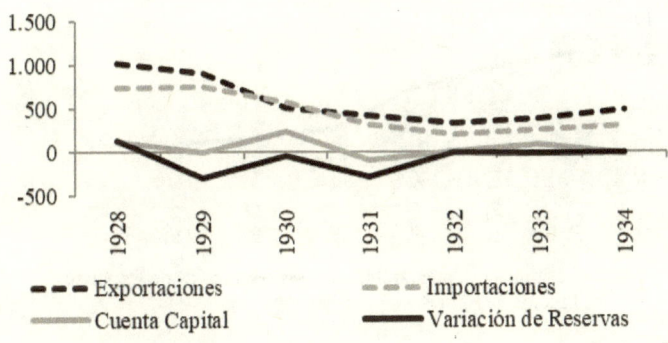

Fuente: Ferreres (2005).

Gráfico V.2. Cantidades exportadas e importadas, 1928-1934
Índice. 1993=100

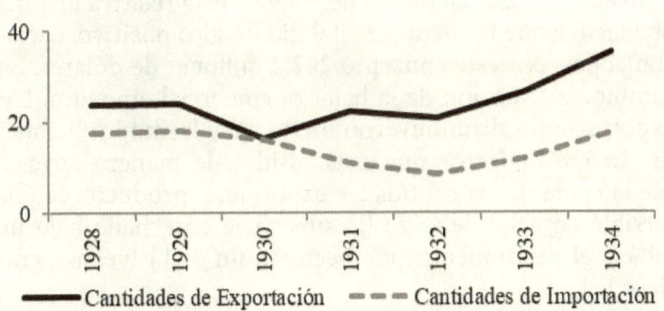

Fuente: Ferreres (2005).

Gráfico V.3. Precios de comercio exterior, 1928-1934
Índice. 1993=100

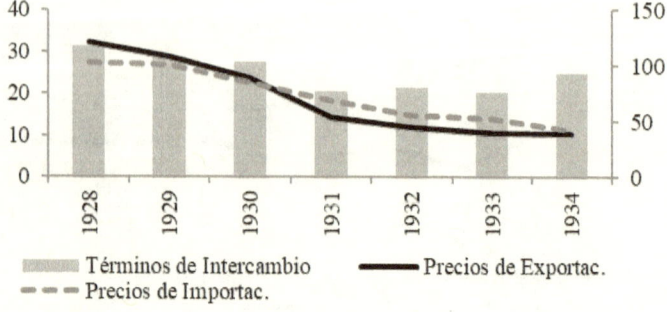

Términos de Intercambio — Precios de Exportac.
– – – Precios de Importac.

Fuente: Ferreres (2005).

En 1930, la situación de balanza de pagos mejoró. La salida de reservas disminuyó: de un saldo negativo de 294 millones de dólares del año anterior pasó a 41,6 millones (esto es, una desaceleración del 85,9%). Esta relativa mejoría obedeció a que la cuenta capital dio un giro positivo, entraron al país por este concepto 242,2 millones de dólares. En cambio, la situación de la balanza comercial empeoró. Las exportaciones disminuyeron un 43,9% y las importaciones un 25,3%. El factor que más insidió de manera adversa fue la caída de las cantidades exportadas, producto de una terrible cosecha de trigo (la superficie cosechada bajó un 29% y el rendimiento por hectárea un 34%) (véanse gráficos V.1 a V.3).

En 1931, al producirse el abandono del patrón oro por parte del Reino Unido, la situación de balanza de pagos argentina volvió a empeorar. La salida de reserva fue de 279,9 millones de dólares. Esto es explicado, en gran parte, por el saldo negativo (-93,8 millones de dólares) de la cuenta capital. En cuanto a las exportaciones e importaciones, estas exhibieron una disminución del 17% y 45% respectivamente. La caída de las exportaciones (17%) respondió exclusivamente al efecto precio, que fue parcialmente contrarrestado por el aumento de las cantidades. Después de la mala cosecha del año previo, el trigo mostró un incremento de la superficie cosechada del 23% y del rendimiento por hectárea del 43%, y el maíz del 11% y 50% respectivamente (véanse gráficos V.1 a V.3).

En 1932, las exportaciones e importaciones cayeron un 21% y 37% respectivamente. En los dos años siguientes, aumentaron: las primeras a una tasa promedio anual del 20,7% y las segundas a 23,3%. Los motivos de este cambio de tendencia fueron los aumentos de las cantidades, puesto que los precios siguieron descendiendo. La cuenta capital, por su parte, mostró signo positivo en 1932 y 1933 (15,18 y 91,56 millones de dólares, respectivamente) y negativo en 1934 (-11,7 millones). Estas mejoras relativas, a partir de 1932, se vieron reflejadas en el saldo de la balanza de pagos. Entre 1932 y 1934, la salida de reservas mermó, alcanzando un valor mediana de 8,2 millones de dólares. Como puede observarse, esta cifra fue mucho menor a la registrada en los años anteriores, incluso en 1930 (véanse gráficos V.1 a V.3).

V.2. Los cambios institucionales

Ante la emergencia de la Gran Depresión, las respuestas de política económica argentina no se hicieron esperar. A continuación, se analizan aquellas vinculadas con el sistema de la Caja de Conversión.

Suspensión de la convertibilidad

El primer cambio institucional que se puso en práctica fue la suspensión de la convertibilidad. Por decreto del 16 de diciembre de 1929, el presidente Hipólito Yrigoyen expresaba:

Déjase sin efecto el decreto de agosto 25 de 1927 y manténgase en vigor las disposiciones anteriores por las cuales se suspenden los efectos del artículo 7º de la Ley 3871, en cuanto se obliga a la Caja de Conversión a entregar oro sellado en cambio de moneda papel.[2]

Ello significaba la abolición del patrón oro en Argentina.[3] Esta decisión de política económica claramente estuvo vinculada con el saldo negativo que registró la balanza de pagos en ese año (-294 millones de dólares), como se vio en el apartado anterior. Con respecto a esto último, se argumentaba:

> Que el estado de inseguridad en la regularidad y estabilidad de la moneda por que atraviesan los principales centros financieros del mundo, influye adversamente en el nuestro, motivando la salida de metálico sin causas verdaderamente justificadas.[4]

Argentina –un país pequeño y abierto– había salido en reiteradas oportunidades del patrón metálico a lo largo de su historia; lo había hecho en 1876, 1885, 1914 y ahora en 1929. Solo que en esta ocasión no habría retorno: la Gran Depresión trajo aparejado el fin del patrón oro como institución monetaria internacional.

Es de resaltar que con la abolición del patrón oro en 1929, "el mercado de oro no fue afectado" (Quintero Ramos 1970, 264); es decir, el precio del oro se fijaba en el mercado. Esto se modificó en octubre de 1931 cuando se instauró el control de cambios, como se verá más adelante.

---

[2] Decreto 16/12/1929, art. 1. En Caja de Conversión. 1931. *Memoria de la Caja de Conversión correspondiente al ejercicio del año 1929*. Buenos Aires: Gerónimo J. Pesce y Cía., pp. 18-19. [En adelante, Caja de Conversión].

[3] Canadá había tomado la misma decisión un poco antes y Australia y Nueva Zelanda lo hicieron en 1930. Véase el diagrama 2.1 sobre "El fin del patrón oro en entre guerra". En Marichal (2010: 119).

[4] Decreto 16/12/1929. En Caja de Conversión, 1931, pp. 18-19.

En síntesis, la Caja de Conversión dejó de tener la obligación de cambiar 2,27 pesos billetes por 1 peso oro a partir de diciembre de 1929: Argentina entró a un sistema de papel moneda inconvertible. El oro, por su parte, se cotizó libremente en el mercado a un tipo de cambio flexible hasta octubre de 1931, fecha en que se estableció el control de cambios.

Oro en las legaciones

Por decreto del 15 de enero de 1930, el presidente Hipólito Yrigoyen facultó –"previa autorización del Ministerio de Hacienda de la Nación hasta el 1º de junio de 1930"– a la Caja de Conversión a emitir:

> [...] billetes contra aviso telegráfico de las Legaciones Argentinas acreditadas en países de patrón oro, de haberse depositado en custodia y a su orden, la correspondiente garantía de oro de acuerdo con el tipo de la Ley Nº 3871, en el Banco o Bancos que ellas designasen.[5]

Esta práctica ya había sido autorizada en 1914 por el término que durara la guerra (véase capítulo III). Con la nueva normativa, el permiso se extendía por seis meses.

El decreto del 15 de enero además establecía:

> Las instituciones bancarias que efectuasen depósitos de oro a la orden de las legaciones, deberán presentarse al Ministerio de Hacienda de la Nación declarando el destino que se proponen dar a esos billetes que solicitan y comprometerse a liberarlo dentro de un plazo máximo de seis meses, a partir de la fecha de los mismos, mediante el reembolso correspondiente de los billetes emitidos. Si no lo liberasen, el oro quedará de propiedad exclusiva de la Caja de Conversión, la que deberá disponer su inmediato traslado al país, de acuerdo con la ley.[6]

---

[5] Decreto de 15/01/1930, art.1. En Caja de Conversión, 1932, pp. 14-15.
[6] Decreto de 15/01/1930, art.1. En Caja de Conversión, 1932, pp. 14-15.

De este modo, si una persona o empresa en Argentina obtenía un crédito en el exterior o exportaba mercadería, hacía los arreglos pertinentes para que el monto de la operación fuera depositado en la legación argentina correspondiente. Seguidamente, la legación enviaba al interesado una notificación telegráfica, con la cual debía reclamar su dinero ante la Caja de Conversión. Esta le entregaba en pesos papel el equivalente de los pesos oro, depositados en la legación. Y, por último, el interesado podía cambiar en la Caja los pesos papel recibidos por oro en un plazo de seis meses (Quintero Ramos, 1970: 264-9).

Posteriormente, el 7 de abril de 1931 tuvo lugar el Acuerdo General de Ministros del Gobierno Provisional de la Nación,[7] que autorizaba nuevamente el permiso de emitir billetes contra oro depositado en las legaciones por otros seis meses. Así, se decía:

> Hasta el 3 de agosto del año en curso, la Caja de Conversión emitirá billetes contra avisos telegráficos de las Legaciones Argentinas acreditadas en países de patrón oro, de haberse depositado en custodia y a su orden, por el Banco de la Nación Argentina, la correspondiente garantía de oro, de acuerdo con el tipo de la Ley N° 3871, en el Banco o Bancos que ellas designasen.
>
> Los depositantes de oro deberán liberarlo dentro de un plazo máximo de seis meses, a partir de la fecha del depósito mediante el reembolso correspondiente de los billetes emitidos. Si no lo liberasen, el oro quedará de propiedad exclusiva de la Caja de Conversión.[8]

---

[7] Recordemos que el 6 de septiembre de 1930 tuvo lugar el golpe militar que derrocó al presidente Hipólito Yrigoyen, quien había sido elegido democráticamente para ejercer su segundo mandato en 1928. Después del golpe ejerció como presidente de *facto* en la Argentina, bajo el título de "Presidente del Gobierno Provisorio", el General José Félix Uriburu hasta el 20 de febrero de 1932.

[8] Acuerdo Gral. de Ministros 07/04/1931. En Caja de Conversión, 1932, pp. 25-26.

Y con fecha 18 de julio del mismo año, por Acuerdo General de Ministros, fue prorrogado el plazo para emitir billetes contra depósito de oro a la orden de las embajadas argentinas en el exterior hasta el 30 de enero de 1932.[9]

Redescuentos

Otra respuesta institucional frente a la Gran Depresión se refiere a los redescuentos. El 4 de diciembre de 1929 el presidente Yrigoyen decretaba:

> Autorízase al Banco de la Nación Argentina a efectuar operaciones de redescuento en la Caja de Conversión, de conformidad con lo establecido en las leyes de redescuento números 9479 y 9577 y decreto reglamentario del Poder Ejecutivo Nacional, de fecha 17 de noviembre de 1914, por la cantidad de $200.000.000 m/n.[10]

La Caja de Conversión no había hecho uso de las leyes de emergencia para redescuentos entre 1914 y 1927 cuando fue suspendida la convertibilidad (véase capítulos III y IV); lo mismo sucedió en 1929. Recién por decreto del 25 de abril de 1931, las leyes 9479 y 9577 encontraron aplicación. Dicho decreto establecía:

> El Banco de la Nación Argentina queda autorizado para redescontar hasta la suma de ($200.000.000 m/n) doscientos millones de pesos moneda nacional, en la Caja de Conversión de acuerdo con las leyes Nos 9479 y 9577.
> El Banco de la Nación Argentina designará una Comisión de Redescuento encargada de asegurar el cumplimiento estricto de los propósitos que informa el presente decreto.
> La Comisión de Redescuento establecerá, bajo su dependencia directa y exclusiva, una oficina autónoma de Contralor de Bancos a la que las instituciones que redescuenten

---

[9] Acuerdo Gral. de Ministros 18/07/1931, En Caja de Conversión, 1932, pp. 25-26.
[10] Decreto 04/12/1929, art. 1. En Caja de Conversión, 1931, p. 19.

deberán poner a su disposición, con carácter estrictamente confidencial, todas las informaciones que requiriese para conocer su funcionamiento y la índole de sus operaciones.[11]

El tope de 200 millones de pesos moneda nacional fue elevado a 270 millones el 8 de septiembre, a 320 millones el 7 de noviembre y a 360 el 22 de diciembre de 1931 (Quintero Ramos, 1970: 274-276).

De este modo, a partir de abril de 1931, Argentina rompió con la ortodoxia de emitir únicamente contra moneda de reserva. La expansión de la base monetaria ya no dependió solamente de la entrada de oro, sino también de la creación del redescuento.

Empréstito patriótico

El 12 de mayo de 1932 tuvo lugar un nuevo cambio institucional. Por primera vez, se autorizó a la Caja de Conversión a emitir teniendo como respaldo un préstamo al sector público. Con el empréstito patriótico de 1932, el Estado intentó apelar a una suerte de coacción "moral" de sus ciudadanos; pero los resultados no fueron los buscados. Dado el fracaso en su suscripción, los títulos del empréstito fueron monetizados al 85% de su valor nominal, quedando en caución de la Caja de Conversión. En este sentido, la Ley 11.580 expresaba:

> Autorízase al Poder Ejecutivo, en las condiciones que se establecen en la presente ley, para emitir un empréstito interno que se denominará "Empréstito Patriótico de 1932", hasta la suma de 500.000.000 de pesos moneda nacional [...]
>
> Créase, como organismo exclusivo para entender en la colocación, inversión y servicio de este empréstito, una comisión honoraria con la denominación de Junta Autónoma de Amortización [...]

---

[11] Decreto 25/04/1931. En Caja de Conversión, 1932, p. 24.

La Caja de Conversión entregará a la Junta autónoma de amortización [...] en calidad de adelanto sobre los títulos del presente empréstito que no hayan sido colocados, billetes de curso legal a cambio de su equivalente en títulos, aforados a este efecto al 85% de su valor nominal. En cualquier momento podrá efectuar la operación inversa al mismo tipo de aforo.[12]

Así fue que, a partir de 1932, se dio nacimiento "al trípode hoy conocido de las fuentes de creación de la base monetaria: sector externo, sector privado a través de redescuentos y sector público por medio de préstamos" (Arnaudo, 1987: 20).

Control de cambios

Con el Decreto 1060 del 10 de octubre de 1931, se dio inicio a la implementación del control de cambios en Argentina. En los considerandos de dicho decreto, se decía:

Que el abandono del Patrón oro por Inglaterra ha causado en los mercados mundiales ya trabajados por la crisis, una situación de expectativa;
Que se han paralizado las ventas, en especial las de nuestros cereales, lo que ha traído un enrarecimiento extraordinario de giros sobre el exterior;
Que esta circunstancia transitoria, ha sido aprovechada por la especulación y es necesario que esas maniobras sean suprimidas;
Que las medidas sobre control de cambios han sido usadas en circunstancias semejantes por muchos países;
Que es necesario sustituir a la anarquía dañosa que impera en el mercado por un método centralizado y dirigido por los más capacitados.[13]
En conformidad con ello, se dispuso:

---

[12] Ley 11.580 del 12/05/1932. En *Anales*, 1953.
[13] Decreto del 10/10/1931. En *Boletín Oficial de la República Argentina*, lunes 19 de octubre de 1931.

> Constitúyese la Comisión de Control de Cambios bajo la presidencia del Ministro de Hacienda de la Nación e integrada por el Presidente del Banco de la Nación Argentina y tres miembros designados por el Poder Ejecutivo [...], de los cuales representarán la Asociación Bancaria Argentina, dos miembros propuestos por su Presidente.
>
> Los negocios de compra-venta de cambio extranjero serán efectuados exclusivamente en los Bancos de la capital Federal que la Comisión de Control de Cambios autorice al efecto. Ninguna persona, firma o entidad podrá realizar operaciones directas de compra o venta de cambio sino con los mencionados cambios.
>
> La Comisión de Control de Cambios fijará diariamente los tipos para la compra y venta de cambios.
>
> Los exportadores y agencias o representantes de casas extranjeras deberán negociar exclusivamente en los Bancos de la Capital Federal autorizados para efectuar el comercio de cambios, las divisas extranjeras equivalentes al valor de los productos, mercaderías o valores exportados.
>
> Las operaciones de exportación deberán hacerse fijando precios exclusivamente en moneda extranjera.
>
> Para obtener cada permiso de embarque, los exportadores deberán presentar en las Aduanas y Receptorías, una declaración jurada en la cual conste la cantidad y el valor exportado y la declaración del cambio vendido o el compromiso de venderlo en la forma que establezca la Comisión de Control de Cambios.[14]

Como se deduce de tales disposiciones, las finalidades perseguidas en la implementación del control de cambios consistían en asegurar la entrega de las letras por los exportadores e impedir la evasión de capitales.[15] Pero ¿qué aconteció en los hechos?

El tipo fijado por la Comisión de Control de Cambios respondió más o menos a la conjunción de la oferta y la demanda en el mercado de cambios hasta comienzos de

---

[14] Decreto del 10/10/1931. En *Boletín Oficial de la República Argentina*, lunes 19 de octubre de 1931.
[15] Véase Beveraggi (1954).

1932; luego, el tipo de cambio quedó sobrevaluado.[16] Esta sobrevaluación complicó la rentabilidad de los exportadores e incentivó a los importadores a ingresar mercaderías del exterior sin tener la seguridad de obtener las divisas necesarias para abonarlas. El régimen de control de cambios tenía una falla: limitaba a los importadores la compra de divisas, pero no sus compras de mercancías. Esto trajo aparejado el problema de los *pesos bloqueados*. Es decir, existió un volumen de pesos que se hubieran enviado al exterior (convertidos en divisas) en concepto de utilidades, pagos de importaciones y otros de no haber existido el control de cambios. Se estima que el volumen de pesos bloqueados alcanzó la cifra de 13 millones de libras (alrededor de 250 millones de pesos) en 1933 (Cortés Conde, 2005: 95).

El Decreto 31.130 del 10 de noviembre de 1933 dio inicio a la segunda etapa de control de cambios. El propósito era intentar remediar la falla del Decreto 1060 del 10 de octubre de 1931, introduciendo el permiso previo de cambio a los importadores. Con respecto a esto, en los considerandos se decía:

> Que los importadores realizan actualmente sus pedidos de mercaderías sin conocer si podrán o no obtener oportunamente el cambio necesario para su pago, lo que se traduce para ellos en perjuicios diversos, si llega el caso de no poder despacharse favorablemente los respectivos permisos;
>
> Que es evidente conveniencia evitar a los importadores dificultades innecesarias, dándoles la posibilidad de obtener los permisos de cambio antes de que se efectúen los pedidos de mercaderías al exterior, graduando dichos permisos según sean las perspectivas de cambio disponible, sin perjuicio de los reajustes a que hubiere lugar posteriormente;

---

[16] Prebisch, citado en Prados Arrarte (1944).

Que los permisos previos de cambio se proponen dar a los importadores la seguridad de poder tener acceso al cambio disponible una vez efectuadas las importaciones, seguridad de que carecen actualmente.[17]

En consecuencia, se dispuso:

Queda facultada la Comisión de Control de Cambios, para otorgar permisos previos de cambio a los importadores que los requiriesen antes de efectuar sus pedidos de mercaderías al exterior.

Al declarante las Aduanas o Receptorías la importación de mercaderías, los importadores presentarán, junto con los documentos de práctica, el permiso previo de cambio y un ejemplar de la factura comercial visada por los Agentes Consulares en el extranjero, quienes tomarán las providencias necesarias para la certificación del valor expresado en la misma.

Las aduanas o receptorías respectivas dejarán constancia detallada en cada permiso de cambio, de la importación de la mercadería y otorgarán al importador un certificado, en el que conste su introducción a plaza, sin el cual no podrán presentarse a obtener el cambio correspondiente.[18]

Este decreto fue complementado con el 31.864 del 28 de noviembre de 1933, por el cual se introducían tipos de cambio múltiples. Se creaba un tipo de cambio oficial comprador y otro vendedor. Por el primero pasaban las exportaciones tradicionales. El segundo

---

[17] Decreto del 10/11/1933. En *Boletín Oficial de la República Argentina*. Martes 14 de noviembre de 1933.

[18] Decreto de 10/11/1932, arts. 1 y 2. *Boletín Oficial de la República Argentina*, 14 de noviembre de 1932. Es de señalar que los permisos de cambio fueron otorgados de manera prioritaria a quienes efectuaban importaciones desde países con los cuales se habían firmado "acuerdos de compensación" y a quienes remitían dividendos hacia esos países. Para la fecha en que fue sancionado el decreto, solo se había firmado un acuerdo con Gran Bretaña, el Pacto Roca-Runciman del 1 mayo de 1933. Sobre este acuerdo véase Fodor y O'Connell (1973).

[...] sería el resultante de licitaciones entre los importadores, cuyas propuestas recopilaría diariamente la Oficina de Control de Cambios,[19] en orden decreciente de precios, adjudicando a cada ofertante la cantidad solicitada de cambio, dentro de las sumas disponibles, una vez apartadas las divisas necesarias para el pago de los servicios de la deuda pública, remesas oficiales a los diplomáticos argentinos en el extranjero y transferencias, cobranzas, etc., inferiores a m$n 1.000 (Prados Arrarte, 1944: 84-85).[20]

Después de esto, pasaban por el tipo de cambio vendedor los siguientes ítems:

- Total de importaciones de países con convenios de pago
- Total de remesas hacia países con convenios de pago
- Importaciones parciales de países sin convenios de pago (aprox. 60%)
- Remesas parciales a países sin convenios de pago (Gerchunoff, 2010: 14)

Ahora bien, como el tipo de cambio comprador se fijaba por debajo del vendedor, aparecía una fuente nueva de ingresos para el fisco, denominada "Fondo de Margen de Cambio". El destino de este fondo era esencialmente para la financiación de la política agraria del gobierno[21] y el pago de los servicios de la deuda externa.

---

[19] Esta oficina fue creada por resolución del 25 de noviembre de 1933.
[20] Véase también Beveraggi (1954).
[21] Con respecto a la política agraria, el 28 de noviembre se creó la Junta Reguladora de Granos. Dicho organismo fue creado con el propósito de comprar trigo, maíz y lino a los productores a "precios mínimos" (mayores que los internacionales).

El decreto además estipulaba la creación de un mercado libre,[22] en el cual no se exigirían permisos previos ni documentación de ningún tipo. En este mercado, la oferta de divisas estaba compuesta por

- Exportaciones no tradicionales
- Inversiones extranjeras
- Exportaciones a países vecinos
- Cultivos regionales

Y la demanda de divisas se conformaba por:

- Importaciones parciales de países sin convenios de pago (aprox. 40%)
- Remesas parciales a países sin convenios de pago (Gerchunoff, 2010: 14)

V.3. La Caja de Conversión y las funciones bancocentralistas

V.3.1. El período previo al control de cambios (diciembre 1929-octubre 1931)

Con la salida de la convertibilidad, en diciembre de 1929, la actuación de la Caja de Conversión se alejó nuevamente del principio de la *Currency School*. Pero, a diferencia del período 1914-1927, no siguió un comportamiento de autorregulación, sino un comportamiento *anticíclico* respecto a las reservas.

Para el período que va de diciembre de 1929 a marzo de 1931, el gráfico V.4 –un diagrama de dispersión entre las variaciones de las reservas y los billetes circulantes– revela que la mayor parte de los cambios corresponde a

---

[22] Podría decirse que el mercado libre fue la institucionalización de la "bolsa negra", que había surgido debido a la puesta en práctica del régimen de control de cambios de octubre de 1931 (primera etapa).

variaciones negativas de ambas variables. Se observa además que la mayoría de las variaciones negativas de los billetes circulantes son menores –en valor absoluto– que las de las reservas. El cuadro V.1 complementa la información:

De 16 casos de variaciones de las reservas, 10 (63%) fueron negativas.

De estos 10 casos, 9 (90%) estuvieron acompañados de variaciones negativas de los billetes circulantes.

Y de los 9 casos, en 8 (89%) las variaciones de las reservas –en valor absoluto– fueron mayores que las variaciones de los billetes circulantes.

Ello es prueba contundente de la conducta anticíclica de la Caja de Conversión respecto a las reservas.

Gráfico V.4. Dispersión entre la base monetaria y las reservas metálicas, diciembre 1929 -marzo 1931
Variaciones mensuales de cada variable (primera diferencia)

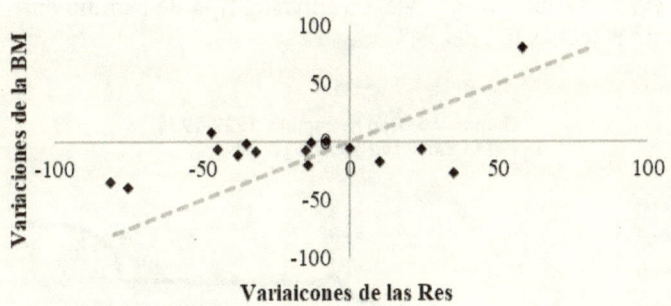

Fuente: véase Apéndice.

Cuadro V.1. Comportamiento de reservas y billetes circulantes, diciembre 1929-marzo 1931

		Variación de la Base Monetaria			Total
		$\Delta M < 0$	$\Delta M = 0$	$\Delta M > 0$	
Variación Del oro	$\Delta R < 0$	9	0	1	10
	$\Delta R = 0$	1	0	0	1
	$\Delta R > 0$	3	1	1	5
Total		13	1	2	16

$\Delta M < 0$ y $\Delta R < 0$		
$|\Delta M|$	$|\Delta M|$	$|\Delta M|$
<	=	>
$|\Delta R|$	$|\Delta R|$	$|\Delta R|$
9		
8	0	1

Fuente: véase Apéndice.

El aumento del tipo de cambio fue lo que atenuó las variaciones de los billetes circulantes. El gráfico V.5 muestra cómo el tipo de cambio fue creciendo en el período previo al control de cambios (diciembre 1929 a octubre 1931), jugando un papel importante en la política monetaria llevada a cabo por la Caja. La suba del tipo de cambio entre ambas fechas fue del 74%.

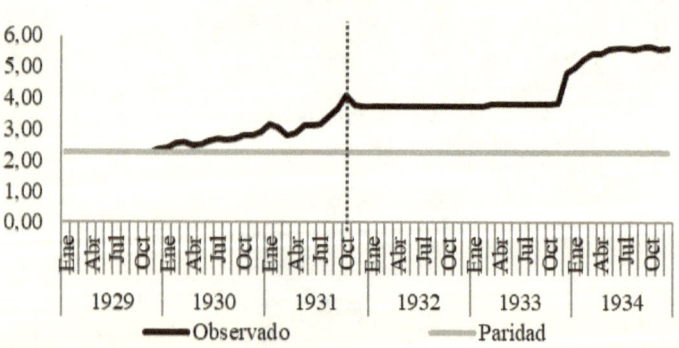

Gráfico V.5. Tipo de cambio, 1929-1934
Pesos moneda nacional por peso oro

Fuente: véase Apéndice.

A partir de abril de 1931, la Caja de Conversión comenzó a proveer redescuentos al sector bancario, el cual venía enfrentando sucesivas corridas sobre los depósitos –como se verá en el acápite siguiente–. En esta ocasión, a diferencia de lo sucedido en 1914, aquella emitió para asistir a las entidades bancarias. Aparece así una nueva función bancocentralista.

Entre abril y octubre de 1931, tanto el tipo de cambio (que pasó de 2,88 a 4,11 pesos papel por peso oro) como los redescuentos (que alcanzaron los 264,42 millones de pesos papel) provocaron que la cantidad de billetes circulantes aumentara 12,57 millones de pesos papel. Al mismo tiempo, las reservas cayeron 367,46 pesos papel.

Así pues, la conjunción de la política cambiaria y la política de redescuentos tuvieron un efecto anticíclico respecto a las reservas. El gráfico V.6 y el cuadro V.2 confirman esta proposición:

De 7 casos de caída de reservas, la cantidad de billetes circulantes aumentó en 2 y disminuyó en 5; y en estos últimos disminuyó en una magnitud menor –en valor absoluto– a la caída de aquellas.

Gráfico V.6. Dispersión entre la base monetaria y las reservas metálicas, abril 1931-octubre 1931
Variaciones mensuales de cada variable (primera diferencia)

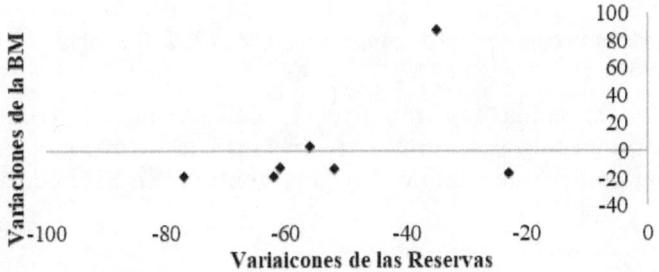

Cuadro V.2. Comportamiento de reservas ajustadas y billetes circulantes, abril 1931-octubre 1931

		Variación de la Base Monetaria			Total
		$\Delta M<0$	$\Delta M=0$	$\Delta M>0$	
Variación del Oro	$\Delta R<0$	5	0	2	7
	$\Delta R=0$	0	0	0	0
	$\Delta R>0$	0	0	0	0
Total		5	0	2	7

$\Delta M<0$ y $\Delta R<0$		
$|\Delta M|$ < $|\Delta R|$	ΔM = ΔR	$|\Delta M|$ > $|\Delta R|$
5		
5	0	0

Fuente: véase Apéndice.

En este subperíodo, además, tuvo lugar otra función bancocentralista. El gobierno provisional del general José Felix Uriburu decidió cumplir el cronograma de pagos de los servicios de la deuda externa en plena crisis. Esta decisión llevó a hacer uso de las reservas extra (el Fondo de Conversión). En 1931 el Fondo fue movilizado, prácticamente en su totalidad (30 millones de pesos oro), para afrontar el pago del 50% de los servicios originados en la deuda de 2,5 millones de libras contraída en 1929 con la Baring Brothers y con J. Morgan Grenfell. Con los mismos fondos, fue cancelada la deuda de la Municipalidad de Buenos Aires con Chatham Phoenix.

El período bajo control de cambios (octubre 1931-diciembre 1934)

Con la salida de Gran Bretaña del patrón oro, como se vio en la sección V.2, se instauró la primera etapa del control de cambios en la Argentina. En esta etapa, se observa una "fijación" del tipo de cambio al dólar,[23] donde el peso se revalúa respecto a la libra y su comportamiento respecto al oro se "pega" al del dólar y al del franco (véase gráfico V.7, punto 1). En palabras de Gerchunoff y Machinea (2015: 119), "una rareza se consumaba: el control de cambios, administrados por una Comisión Mixta, se combinaba con el tipo de cambio fijo, pero el tipo de cambio fijo establecía un nexo con el oro a través del dólar y el franco". Luego, cuando Estados Unidos devalúa respecto al oro en abril de 1933, el peso se revalúa respecto al dólar y se "pega" al franco (gráfico V.7, punto 2).

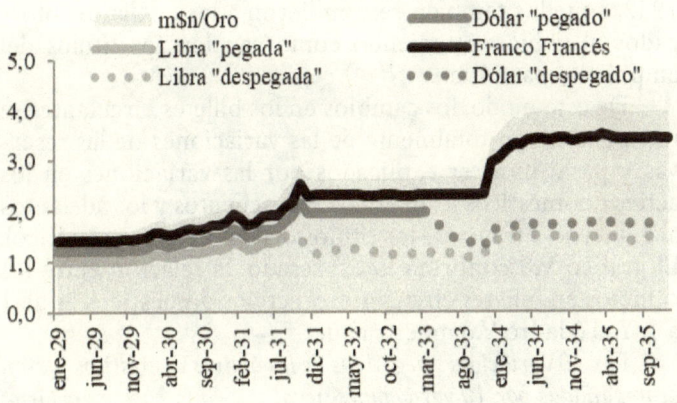

Gráfico V.7. Comportamiento de los diferentes tipos de cambio
Índice del tipo de cambio del peso moneda nacional respecto a cada divisa. Base ene.-29

---

[23] "Cuando se recibieron las noticias del abandono del patrón oro en el Reino Unido, el presidente del Banco de la Nación convocó a los directores de Bancos y se acordó sujetar el peso al dólar" (véase Prados Arrarte, 1944).

Nota: el gráfico muestra en la superficie sombreada en gris la relación entre el peso moneda nacional y el peso oro. La línea sólida gris clara (luego punteada) muestra la relación entre el peso y la libra (libra *pegada* y libra *despegada*). La línea gris oscura (luego punteada) representa la relación entre el peso y el dólar (dólar *pegado* y dólar *despegado*). Por último, la línea negra es la relación entre el peso y el franco francés. Todas las series están expresadas en índices con base enero de 1929, pero se muestran en diferentes niveles para observar mejor los cambios. Diseño de gráfico basado en Gerchunoff y Machinea (2015: 115).
Fuente: véase Apéndice.

¿Cuál fue el comportamiento de la Caja de Conversión frente al cambio de las reglas de juego? El tipo de cambio dejó de ser un instrumento de política monetaria para la Caja. A partir de marzo de 1932, las reservas se estabilizaron en 353,88 millones de pesos papel, con un tipo de cambio de 3,75 pesos papel por peso oro. Los movimientos de los billetes circulantes, por su parte, respondieron a los movimientos de los redescuentos. Y, desde mayo de 1932, aquellos también respondieron a los adelantos otorgados al gobierno teniendo como caución los títulos del empréstito patriótico.

De este modo, los cambios en los billetes circulantes se independizaron totalmente de las variaciones de las reservas y pasaron a ser explicados por las variaciones en los activos domésticos (esto es: los redescuentos y los adelantos al gobierno a través de los títulos del empréstito patriótico). El gráfico V.8 confirma lo expresado, la relación entre los cambios en billetes circulantes y activos domésticos es de 1 a 1. Y el cuadro V.3 muestra que

Las 10 variaciones negativas de los activos domésticos fueron acompañadas por 10 variaciones negativas en la base monetaria; 6 variaciones positivas de los activos acompañaron a la misma cantidad de incrementos de la base. En 4 meses los activos internos se mantuvieron constantes, y la base monetaria hizo lo mismo.

Gráfico V.8. Dispersión entre la Base Monetaria y los activos domésticos, marzo 1932-octubre 1933
Variaciones mensuales de cada variable (primera diferencia)

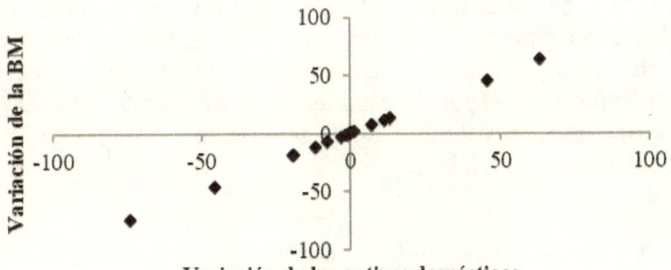

Fuente: véase Apéndice.

Cuadro V.3. Comportamiento de activos internos y billetes circulantes, marzo 1932-octubre 1933

		Variaciones de la base monetaria			
		ΔM < 0	ΔM = 0	ΔM > 0	Total
Variación de activos internos	ΔA < 0	10	0	0	10
	ΔA = 0	0	4	0	4
	ΔA > 0	0	0	6	6
	Total	10	4	6	20

Fuente: véase Apéndice.

En noviembre de 1933, comienza la segunda etapa del control de cambios, la cual estuvo acompañada de una devaluación. Entre noviembre de 1933 y marzo de 1934, el tipo de cambio subió un 42% (9% promedio mensual), siendo este aumento el más pronunciado de todo el período 1929-1934.

En esta segunda etapa, las reservas alcanzaron el mínimo global de la serie (226 millones de pesos papel) en septiembre de 1934. La caída experimentada fue compensada por la suba en el tipo de cambio, que alcanzó el máximo global (5,64 pesos papel por unidad de oro) en esa misma fecha. Esto permitió que la cantidad de billetes circulantes continuara con el patrón establecido por los activos domésticos. El gráfico V.9 muestra, en general, una relación de 1 a 1 entre ambas variables.

Gráfico V.9. Dispersión entre la base monetaria y los activos domésticos, noviembre 1933-diciembre 1934
Variaciones mensuales de cada variable (primera diferencia)

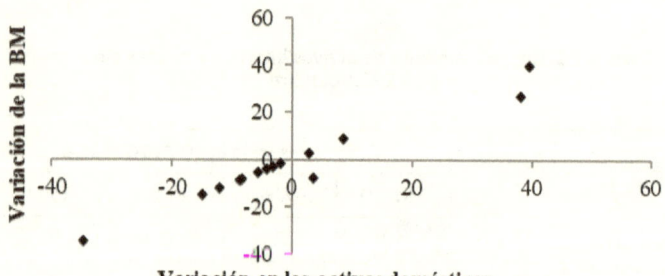

Fuente: véase Apéndice.

Como puede observarse, en esta etapa predominaron las disminuciones en la cantidad de billetes circulantes, respaldadas por la devolución de redescuentos y la leve disminución del crédito al Estado. En efecto, el cuadro V.4 revela que *existieron 9 variaciones negativas y 4 positivas en los activos internos, las mismas fueron acompañadas por variaciones de la base monetaria en la misma dirección y magnitud. En una única observación se da un aumento de los activos y una disminución de la base monetaria.*

Cuadro V.4. Comportamiento de activos internos y billetes circulantes, noviembre 1933-diciembre 1934

		Variaciones de la **base monetaria**			
		ΔM < 0	ΔM = 0	ΔM > 0	Total
Variación de activos internos	ΔA < 0	9	0	0	9
	ΔA = 0	0	0	0	0
	ΔA > 0	1	0	4	5
	Total	10	0	4	0

Fuente: véase Apéndice.

V.4. El sistema bancario

En los años de la Gran Depresión, el público en Argentina nuevamente (como lo había hecho en 1914) acudió a la ventanilla de los bancos a retirar sus depósitos. El cuadro V.5 muestra la pérdida de depósitos –medida por la tasa de crecimiento– que experimentó el sistema entre 1929 y 1934.

Cuadro V.5. Tasas de crecimientos anuales y trimestrales de los depósitos, 1929-1934
Tasa de crecimiento de los depósitos en pesos papel

	Banco Nación	Bancos nacionales	Bancos extranjeros	Total de bancos
1929 (total)	-4,9%	-1,4%	4,1%	-1,9%
I trim	0,1%	-4,7%	5,6%	-0,6%
II trim	-0,5%	6,2%	-1,0%	1,8%
III trim	-2,1%	-0,5%	0,1%	-1,1%

IV Trim	-2,5%	-2,1%	-0,5%	-2,0%
1930 (total)	**-1,7%**	**-0,9%**	**12,8%**	**1,5%**
I trim	0,2%	-1,1%	4,8%	0,7%
II trim	-1,9%	-0,8%	1,8%	-0,7%
III trim	0,4%	0,1%	3,1%	0,9%
IV trim	-0,4%	0,9%	2,5%	0,7%
1931 (total)	**-10,2%**	**-10,0%**	**-7,5%**	**-9,5%**
I trim	-2,9%	-1,0%	1,7%	-1,1%
II trim	0,1%	-3,5%	-5,5%	-2,5%
III trim	-5,3%	-2,8%	-1,2%	-3,5%
IV trim	-2,5%	-3,1%	-2,6%	-2,7%
1932 (total)	**3,4%**	**-5,2%**	**0,2%**	**-0,4%**
I trim	-1,3%	-1,3%	0,1%	-1,0%
II trim	4,7%	-2,8%	-5,1%	-0,3%
III trim	3,3%	-1,0%	3,7%	1,9%
IV trim	-3,2%	-0,1%	1,8%	-1,0%
1933 (total)	**5,1%**	**-1,7%**	**-8,5%**	**-0,4%**
I trim	-0,2%	-0,3%	1,9%	0,2%
II trim	1,2%	-1,0%	-0,1%	0,1%
III trim	0,5%	0,4%	-1,4%	0,0%
IV trim	3,6%	-0,8%	-8,8%	-0,8%
1934 (total)	**-2,2%**	**2,2%**	**-10,1%**	**-2,4%**
I trim	-2,5%	3,8%	-1,0%	0,0%
II trim	0,4%	-0,3%	-2,0%	-0,3%

| III trim | 0,8% | 0,0% | -4,0% | -0,5% |
| IV trim | -0,9% | -1,3% | -3,5% | -1,6% |

Nota: el total de bancos es calculado como la suma del Banco de la Nación, bancos nacionales (excluido Banco de la Nación) y bancos extranjeros.
Fuente: véase Apéndice.

En el año 1929, cuando tuvo lugar el *crack* de la Bolsa de Nueva York, el Banco de la Nación fue el que registró la mayor pérdida total de depósitos[24] (4,9%), seguido más atrás por los otros bancos nacionales (1,4%). Los bancos extranjeros, por su parte, exhibieron un crecimiento total del 4,1%. De ello se desprende que el retiro de los depósitos se dio –de manera más acentuada– en las entidades nacionales y, en particular, en el Banco de la Nación.

En 1930, la situación se alivianó. La pérdida total de depósitos del Banco de la Nación se redujo a un 1,7% y la de los otros bancos nacionales a un 0,9%. Los bancos extranjeros continuaron exhibiendo un crecimiento total del 12,8%.

Empero, con el impacto que provocó en los mercados internacionales la salida de Gran Bretaña del patrón oro en 1931, el público en la Argentina enfatizó su retiro de depósitos del sistema bancario. Las pérdidas totales en el año fueron: 10,2% para el Banco de la Nación; 10% para los otros bancos nacionales; 7,5% para los extranjeros; y 9,5% para el sistema como un todo.

Para el año 1932, la situación se mejoró. El único grupo de entidades que registró pérdida total fue el de los bancos nacionales –excluido el Nación–; dicha pérdida fue casi la mitad que la del año anterior (5,2%).

---

[24] Nos referimos con "pérdida total de depósitos" a la tasa de crecimiento promedio anual (lo que es igual al multiplicatorio de uno (1) más las tasas de crecimiento trimestrales, menos uno).

En los años 1933 y 1934, el sistema bancario como un todo exhibió una pérdida total de depósitos del 0,4% y 2,4% respectivamente. Lo importante a resaltar de estos años fue el cambio del comportamiento del público en relación con los bancos extranjeros; las mayores pérdidas totales de depósitos se registraron en estas entidades: 8,5% y 10,1% respectivamente.

En síntesis, las entidades bancarias sufrieron una salida lenta y continua de sus depósitos en los años de la Gran Depresión. Entre 1929 y 1931, la corrida se centró fundamentalmente en el Banco de la Nación y en los otros bancos nacionales, cuyas pérdidas totales fueron de 16,8% y 12,3% respectivamente. En 1932, los más afectados fueron los otros bancos nacionales (-5,2%). Y, en 1933-34, la corrida se desplazó hacia los bancos extranjeros, cuya pérdida total fue del 18,6%.

En cuanto a los depósitos en términos reales, las series exhiben una tendencia descendente hasta el año 1932 (enero para el Banco de la Nación y junio para el resto de los bancos) y luego una ascendente hasta el final del período (véase gráfico V.10). Este cambio de pendiente no solo está asociado al comportamiento de los depósitos en términos nominales, sino también al de la tasa de interés. Esta subió un 24% entre enero y diciembre de 1929, alcanzó el máximo en mayo de 1931, luego se estabilizó y comenzó a descender a partir de agosto de 1932.[25] En relación con la tendencia estimada, la misma se estanca e incluso se torna decreciente para ambos grupos de bancos (Nación y el resto) en el período. Por ello, la recuperación de los depósitos –a partir de 1932– contribuyó a aumentar los desvíos respecto a dicha tendencia.

---

[25] Véase Apéndice.

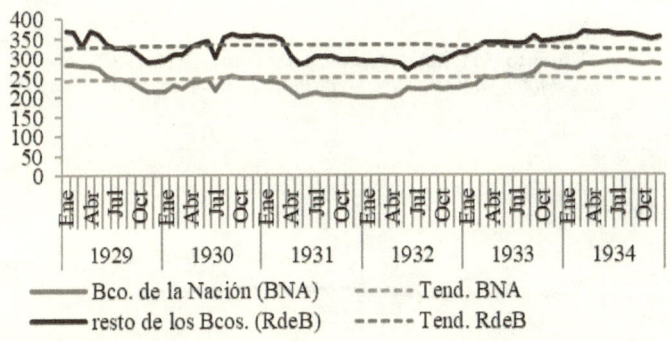

Gráfico V.10. Depósitos del Banco de la Nación y del resto de los bancos, 1929-1934
Millones de pesos moneda nacional

Nota: los depósitos están deflactados por la tasa de interés.
Fuente: véase Apéndice.

En la fase descendente, la caída de los depósitos en términos reales fue del -11% promedio anual para el Banco de la Nación, acompañada de una variabilidad del 27% (la segunda más alta de todos los períodos). Para el resto de los bancos, la caída fue un poco más suave –del 7%– y la variabilidad del 30% (la segunda también más alta de todos los períodos).

En la fase ascendente, el crecimiento fue del 7% para el Banco de la Nación, acompañado de una variabilidad del 32% (la más alta de todos los períodos); y para el resto de los bancos fue del 7% y 28%, respectivamente. Como claramente se deduce, el crecimiento de los depósitos en esta segunda fase no alcanzó a compensar la pérdida en la primera (en particular, en el caso del Banco de la Nación). Además, estuvo el problema de la relativamente alta variabilidad, lo que estaría reflejando una relativamente alta inestabilidad del sistema.

Respecto al nivel de liquidez, el ratio reservas a depósitos del Banco de la Nación cayó un 54% en 1928-29, sin lograr recuperar esta pérdida en los años siguientes. El valor medio descendió a un 15% entre 1929 y 1934; el más bajo registrado de todos los períodos (véase gráfico V.11).

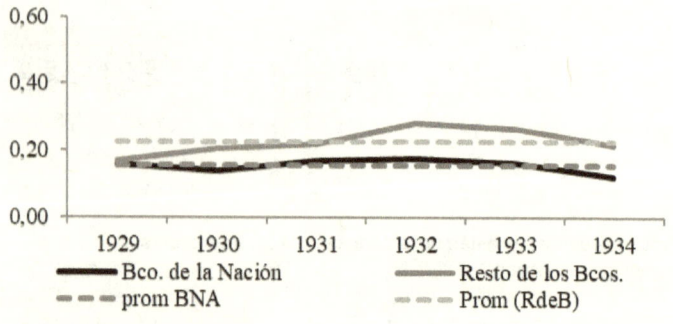

Gráfico V.11. Ratio reservas a depósitos, 1929-1934
Ambas variables tomadas en pesos moneda nacional

Fuente: véase Apéndice

En cuanto al resto de los bancos, el ratio reservas a depósitos observado no permite mostrar el verdadero nivel de liquidez, debido al abultado peso que cobraron los redescuentos en el total de las reservas (como se verá en la sección V.6). El ratio promedio observado fue del 23%, en tanto el contrafactual –excluidos los redescuentos– fue del 11% (véanse gráficos V.11 y V.14).

Ahora sí, en la Gran Depresión, el sistema bancario (incluyendo el Banco de la Nación) había entrado en crisis.

V.5. El Estado

La caída de las importaciones en 1930 provocó un descenso en los ingresos de la Administración Pública Nacional y un deterioro en el déficit fiscal. El resultado primario que fue del -0,19% del PBI en 1929 pasó al -1,69% en 1930, y el financiero de -2% del PBI a casi -4% (véanse gráficos V.12 y V.13).

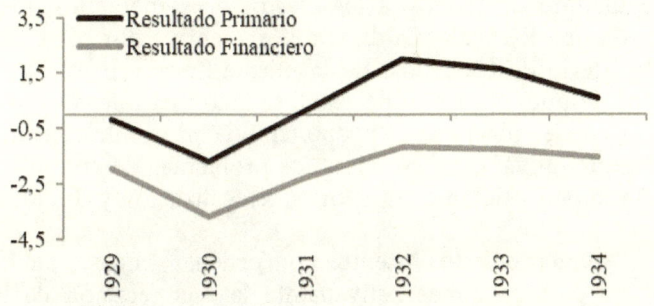

Gráfico V.12. Resultados primario y financiero de la Administración Pública Nacional, 1929-1934.
Como % del PIB

Fuente: Ferreres (2005).

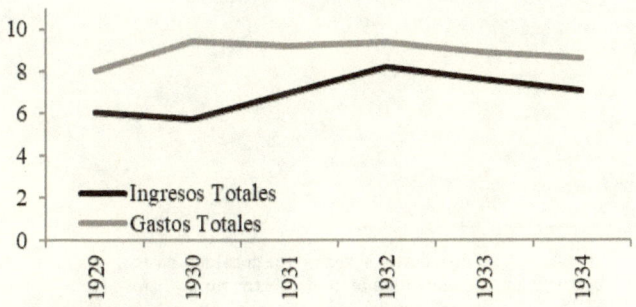

Gráfico V.13. Ingresos y gastos totales de la Administración Pública Nacional. 1929-1934
Como % del PIB

Fuente: Ferreres (2005).

Ante esta nueva situación, el gobierno tuvo la intención de disminuir el déficit fiscal por diferentes medios. Por el lado de los gastos, el Estado persiguió una mejoría en la eficiencia y en la aplicación de los mismos. En diciembre de 1930, se creó la Comisión de Presupuesto, organismo técnico de consulta, que tenía el objetivo de introducir eficiencia en la administración y en la prestación de servicios públicos. Además, en junio de 1931, se constituyó una Comisión Reguladora de Gastos, a los efectos de someter los mismos a una fiscalización directa y preventiva por parte del Ministerio de Hacienda. En la misma línea pero casi dos años después, en mayo de 1933, se creó una nueva Comisión con el objetivo de proponer una profunda reforma administrativa, que resolviera los problemas de coordinación, superposición de funciones, relocalización y cesantías de empleados.

Además de estos intentos por "ordenar" el gasto público, se persiguió más activamente la recuperación de la recaudación tributaria. Por este motivo, se introdujo una profunda reforma que orientaba la estructura impositiva hacia una más sustentada en impuestos al consumo y al ingreso. Vale aclarar que estos tributos se caracterizaban por una alta elasticidad de su recaudación respecto al nivel de actividad, situación que no se daba en los impuestos de base patrimonial.[26]

---

[26] Este último tipo de tributo tal vez no fue considerado aconsejable, ya que se observaba un alto endeudamiento del sector rural y bajos precios obtenidos por los productos de exportación. No obstante, en 1932 la contribución territorial presentó un aumento que resultó importante respecto al mismo tributo, pero marginal dentro de la estructura total, volviendo en 1933 a sus valores previos.

Por decreto del 15 de octubre de 1931, se reglamentó la aplicación del impuesto a las transacciones.[27] Dado que este tributo se caracterizaba por tener un potencial recaudatorio limitado y resultaba fuertemente distorsivo, solamente se aplicó por tres años (hasta 1934). Además, por medio de un acuerdo del 19 de enero de 1932 se creó, por primera vez en Argentina,[28] un impuesto de "emergencia" a los réditos.[29]

Asimismo, se modificaron otros impuestos, tasas y aranceles; mayoritariamente internos, pero también algunos que afectaron al sector externo, a saber:

1. Impuesto sobre los tabacos
2. Impuesto sobre los fósforos
3. Impuestos internos sobre la nafta
4. Modificación de tasas en el impuesto a los perfumes y específicos
5. Impuestos internos a las cubiertas
6. Impuestos sobre las películas cinematográficas
7. Adicional del 10% sobre el valor de tarifa de las importaciones
8. Patentes
9. Impuestos sobre los movimientos de fondos con el exterior
10. Modificaciones en el impuesto de sellos
11. Sobretasa a la contribución territorial
12. Reforma al régimen fiscal de seguros
13. Tasas para el análisis en las Oficinas Químicas Nacionales

---

[27] *Boletín Oficial de la República Argentina*, 21 de octubre de 1931, p. 914. La sanción de este nuevo impuesto llevó consigo la creación de una comisión compuesta de doce miembros representativos del comercio y de la industria con funciones de asesoramiento al Ministerio de Hacienda sobre la reglamentación del gravamen.

[28] *Boletín Oficial de la República Argentina*, 22 de enero de 1932, p. 1. Este impuesto a los réditos persiste hasta nuestros días, materializado en el impuesto a las ganancias.

[29] Una comisión honoraria de contribuyentes acompañó su creación para asesorar cuestiones relativas a su reglamentación.

14. Derecho a pagar en el Registro de la Propiedad
15. Tasas de autorización e inspección de sociedades anónimas
16. Arancel de los Boletines Oficiales y Judicial
17. Arancel de la Escribanía General de Gobierno
18. Tasas para pasaportes y otras documentaciones de identidad nacional y personal, se pagarán los impuestos y tasas que determinan

Los resultados de las reformas fueron positivos. Después de 1930, los ingresos mostraron una tendencia ascendente, al mismo tiempo que los gastos una tendencia descendente. Y para 1934, las cuentas de la Administración Pública Nacional registraban equilibrio primario y un déficit financiero de 1,6% del PBI –menos de la mitad que el de 1930– (véanse gráficos V.12 y V.13). A pesar de los logros alcanzados, fueron necesarios recursos adicionales para hacer frente a las operaciones del Estado nacional.

V.6. El Banco de la Nación y las funciones bancocentralistas

Los redescuentos

En el año 1928, como se vio en el capítulo anterior, los redescuentos del Banco de la Nación a los otros bancos representaron el 18% de las reservas de estos. En la Gran Depresión, este porcentaje creció de manera abismal: 41% en 1929, 61% en 1931 y 70% en 1934 (véase cuadro V.6).

Cuadro V.6. Redescuentos BNA a otros bancos, 1929-1934
Millones de pesos moneda nacional

	Redescuentos BNA a otros bancos (1)	(1) / Reservas otros bancos
1929	156,2	41%
1930	151,5	31%
1931	284,8	61%
1932	315,9	53%
1933	292,6	55%
1934	295,2	70%

Nota: otros bancos incluyen "otros bancos nacionales" y "bancos extranjeros".
Fuente: véase Apéndice.

Este agudo deterioro de la situación financiera de los bancos, como ya se anticipó, no se dejó ver en su totalidad en la razón reservas a depósitos. Este indicador bajó al 17% en 1929; luego fue creciendo hasta alcanzar un máximo del 28% en 1932, y nuevamente bajó hasta el 22% en 1934. Y de no haber existido los redescuentos, el ratio en cuestión hubiera alcanzado cifras más que preocupantes: 10% en 1929, 13% en 1932 y 6% en 1934. El valor medio hubiera sido del 11%, en lugar del 23% (véase gráfico V.14). Fue aquí en la Gran Depresión (y no antes) cuando el sistema bancario entró en crisis.

Gráfico V.14. Razón reservas a depósitos del resto de los bancos (valores observados y contrafactuales), 1929-1934.
Ambas variables tomadas en pesos moneda nacional

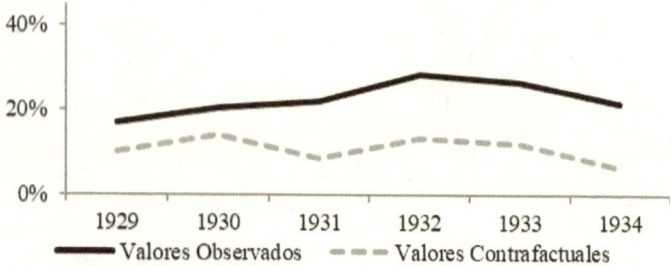

Nota: valores contrafactuales: se restan de las existencias los redescuentos totales otorgados por el BNA.
Fuente: véase Apéndice.

Como se vio en las secciones anteriores, a partir de abril de 1931, la Caja de Conversión rompió con la ortodoxia de emitir únicamente contra la moneda de reserva. Aquella se puso al hombro la política monetaria a fin de asistir al sistema bancario, que venía sufriendo continuas corridas. En tal sentido, los fondos destinados a los redescuentos a los otros bancos ya no provinieron en su totalidad del Banco de la Nación, sino también de la Caja. Para 1931, el 100% de los fondos vinieron de la Caja, y en 1932, el 94%. En los dos años siguientes, el aporte de la Caja fue bajando, reflejando quizás una mejoría de la situación. Dicho aporte fue de un poco más del 70% en 1933 y de casi el 60% en 1934 (véase cuadro V.7).

Cuadro V.7. Orígenes de los fondos destinados a redescuentos a otros bancos, 1929-1934
Porcentaje del total de redescuentos de cada año

	Fondos propios del BNA	Emisión Caja de Conversión
1929	100%	0%
1930	100%	0%
1931	0%	100%
1932	6,5%	93,5%
1933	29,4%	70,6%
1934	41,7%	58,3%

Fuente: véase Apéndice.

El financiamiento al Estado

El Banco de la Nación allegó recursos a las finanzas públicas, a través del saldo en descubierto en la Cuenta de la Tesorería General. Este saldo sobrepasó el límite legal de forma ininterrumpida desde el año 1930, donde los excesos superaban ampliamente los de los períodos anteriores. También continuaron los redescuentos de Letras de Tesorería, alcanzando el pico máximo de toda la serie en 1931 con más de 303 millones de pesos papel (véase cuadro V.8).

Cuadro V.8. Financiamiento a corto plazo del BNA al Estado: Cuenta de Tesorería General de la Nación y redescuentos de Letras de Tesorería, 1929-1934
Millones de pesos moneda nacional

Años	Estado de la Cuenta "Tesorería General de la Nación"			Redescuentos Letras de Tesorería
	Saldos deudores	Límite legal	Excesos	
1929	20,5	44,8		302,7
1930	113,5	45,4	68,1	278,9
1931	146,6	45,9	100,7	303,2
1932	123,7	46,8	76,9	244,0
1933	123,7	47,1	76,6	246,8
1934	123,7	47,2	76,5	273,8

Fuente: BNA (1941).

Empero, estos mayores recursos no fueron suficientes frente al ascenso que venía registrando la deuda flotante. Esta alcanzó el 14% del PBI en 1931, siendo más alta que la interna (13%) y la externa (10%) consolidada respectivamente. Asimismo, respecto a la deuda total representó el 36% y al año siguiente el 39% (el valor máximo de la serie).[30] En promedio, el Banco financió el 35% de esta deuda.

Ello explica el nuevo salto hacia la heterodoxia que dio la Caja de Conversión en mayo de 1932, cuando comenzó a emitir para financiar la deuda flotante del Estado. Esta emisión tuvo como contrapartida títulos públicos del denominado Empréstito Patriótico. A partir de allí, la deuda flotante con respecto a la deuda total se desplomó (véase gráfico V.15).

---

[30] Véase Cortés Conde (2005: 126).

Gráfico V.15. Deuda flotante con respecto a la deuda total, 1928-1934
Porcentaje de deuda total

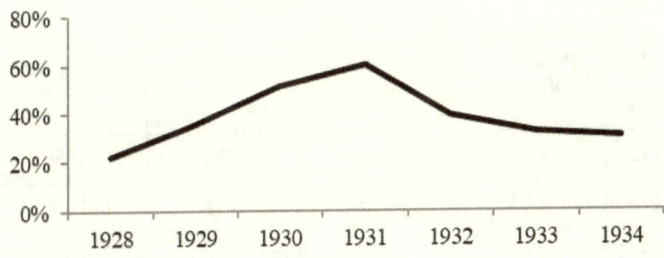

Fuente: Cortés Conde (2005).

El Banco de la Nación también continuó con el financiamiento a largo plazo a través de los préstamos oficiales y los fondos públicos. Los primeros registraron valores muy altos (336 y 349 millones de pesos moneda nacional) en 1933 y 1934. Y los fondos públicos alcanzaron el máximo de toda la serie en 1931, con 60,4 millones de pesos moneda nacional (véase cuadro VI.9).

Cuadro V.9. Otras fuentes de financiamiento del BNA al Estado: préstamos oficiales, fondos públicos, adelantos y reintegro de Fondo de Conversión, 1929-1934
Millones de pesos moneda nacional

Año	Préstamos oficiales	Fondos públicos	Adelantos	Reintegro de Fondo de Conversión
1929	71,4	49,5	22,2	15,9
1930	67,4	49,3	27,2	15,9
1931	94,4	60,4	31,6	15,9
1932	94,9	38,8	36,6	15,9
1933	336,2	38,8	40,9	15,9
1934	349,0	38,8	45,3	15,9

Fuente: BNA (1941).

Por último, los adelantos para la modernización y compra de material naval y militar continuaron en este período. Asimismo, la deuda del gobierno con el Banco por 15,9 millones de pesos moneda nacional en concepto de reintegro del Fondo de Conversión también continuó (véase cuadro V.9).

El gráfico V.16 presenta el resultado financiero de la Administración General en valores contrafactuales y observados. La diferencia sigue siendo importante. En 1930, de no haber existido el financiamiento del Banco, el déficit hubiera sido de 975 millones de pesos moneda nacional en lugar de 428 (2,3 veces más); y en 1934 el déficit hubiera sido de 1016 en lugar de 170 (casi 6 veces más).

Gráfico V.16. **Resultado financiero de la Administración General (valores observados y contrafactuales), 1929-1934**
Millones de pesos moneda nacional

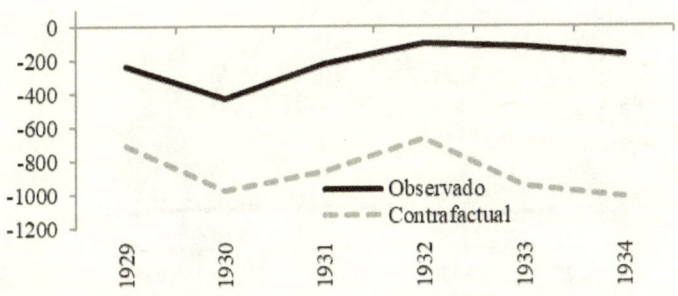

Fuente: Ferreres (2005) y BNA (1941).

El sacrificio

Finalmente, el sacrificio en que incurrió el Banco de la Nación, en términos de liquidez, por realizar funciones bancocentralistas durante la Gran Depresión fue el mayor de todos los períodos. Además, dicho sacrificio colocó al Banco en una posición financiera preocupante. En efecto, como se vio en la sección V.4, la razón promedio reservas a depósitos del Banco fue de apenas 15%. De no haber el Banco redescontado documentos de otros bancos, dicha razón se hubiera elevado a un 21% (6 puntos porcentuales más); y de no haber financiado al Estado, se hubiera elevado a un 57% (o sea 32 puntos porcentuales más). Estas cifras, de manera contundente, revelan que la presión por financiamiento del Estado fue el principal factor explicativo del deterioro de la razón reservas a depósitos de Banco (véase gráfico V.17).

Gráfico V.17. Razón reservas a depósitos del BNA: observada; contrafactual 1 (sin redescuentos a otros bancos); contrafactual 2 (sin financiamiento al Estado), 1929-1934
Porcentaje de depósitos

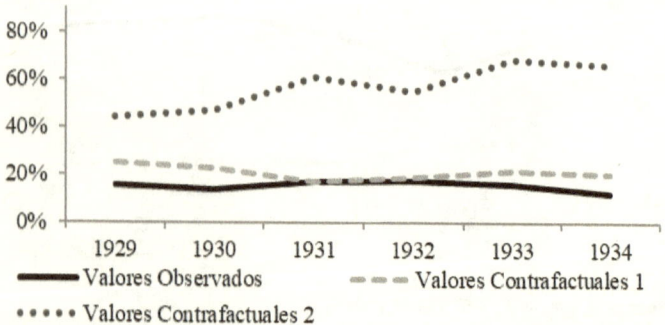

Fuente: véase Apéndice y BNA (1941).

V.7. Conclusiones

La Gran Depresión se hizo sentir en la balanza de pagos argentina. En 1929 y 1931, registró una fuerte salida de reservas. A partir de 1932, la situación se apaciguó; aunque aquella siguió mostrando pequeños saldos negativos.

La primera respuesta institucional frente al impacto de la Gran Depresión consistió en la suspensión de la convertibilidad en diciembre de 1929, a fin de frenar la salida de reservas. Asimismo, otros dos cambios importantes tuvieron lugar para socorrer a dos subsistemas en crisis: 1- en abril de 1931, se autorizó la operación de redescuento por parte de la Caja de Conversión; y 2- en mayo de 1932, se autorizó la emisión del "Empréstito Patriótico" al Poder Ejecutivo, lo que implicó que la Caja de Conversión podía emitir billetes teniendo como caución los títulos de dicho empréstito. Y por último, ante una nueva coyuntura externa –debida a la salida de Gran Bretaña del patrón oro– se abrió la primera etapa de control de cambios en octubre de 1931. Además, se inauguró la segunda etapa del control de cambios a partir de noviembre de 1933, que introdujo el permiso previo de cambios para los importadores y tipo de cambios múltiples.

Tras la suspensión de la convertibilidad, la Caja de Conversión abandonó las típicas funciones de las cajas ortodoxas para poder asistir al resto del sistema económico, que enfrentó los coletazos de la Gran Depresión. En la etapa previa al control de cambios, el efecto contractivo de la caída de las reservas sobre los billetes circulantes fue contrarrestado por el aumento del tipo de cambios y por los redescuentos. Se siguió así una política anticíclica.

Con la introducción del control de cambios (primera etapa), el peso se revaluó respecto a la libra y su comportamiento respecto al oro se "pegó" al del dólar y al del franco. Luego, cuando Estados Unidos devaluó respecto al oro en abril de 1933, el peso se revaluó respecto al dólar y se "pegó" al franco. Asimismo, se dio la ruptura total de la relación entre la variación en las reservas y la variación en los billetes circulantes. Esta última pasó a ser explicada por la variación en los activos domésticos (redescuentos y adelantos al gobierno teniendo como caución los títulos del Empréstito Patriótico). En la segunda etapa de control de cambios, las reservas alcanzaron el mínimo global de la serie en septiembre 1934. La caída experimentada fue compensada por la suba en el tipo de cambio, que alcanzó el máximo global en esa misma fecha. Esto permitió que la cantidad de billetes circulantes continuara con el patrón establecido por los activos domésticos.

El sector bancario fue uno de los subsistemas económicos en crisis: sufrió una lenta y continua salida de depósitos. Entre 1929 y 1931, la corrida se centró principalmente en el Banco de la Nación y en los otros bancos nacionales. En 1932, los más afectados fueron los otros bancos nacionales. Y en 1933-1934, la corrida se desplazó hacia los bancos extranjeros.

Los depósitos en términos reales –deflactados por la tasa de interés– mostraron una tendencia descendente hasta el año 1932 (enero para el Banco de la Nación y junio para el resto de los bancos) y luego una ascendente hasta el final del período. Empero, el crecimiento de los depósitos en esta segunda fase no alcanzó a compensar la pérdida en la primera (en particular, en el caso del Banco de la Nación). Además, estuvo el problema de la relativamente alta variabilidad, lo que estaría reflejando una relativamente alta inestabilidad del sistema.

Respecto al nivel de liquidez, el ratio reservas a depósitos del Banco de la Nación registró el nivel más bajo de todos los períodos (15%). Y el ratio (observado) del resto de los bancos se encontraba sobreestimado por el abultado peso de los redescuentos en el total de las reservas. De no haber existido los redescuentos dicho ratio habría alcanzado apenas el 11%. El sector bancario claramente se encontraba en crisis.

El Estado, por su parte, también se vio negativamente afectado por la Gran Depresión. La contracción del comercio exterior (en particular, las importaciones) ocasionó un déficit financiero en 1929-30. Ante esta nueva situación, se implementó una profunda reforma tributaria y una decidida política de reforma administrativa y de racionalización del gasto. No obstante, a pesar de la mayor recaudación y la disminución del gasto, el Estado necesitó una batería de instrumentos de financiamiento.

Los efectos de la crisis sobre los dos subsistemas (bancos y Estado) hizo que el Banco de la Nación ahondara sus funciones bancocentralistas. Pero ello no alcanzó. De ahí que la Caja de Conversión rompió con la ortodoxia de emitir contra el sector externo y salió a hacer política monetaria a través de los redescuentos y la caución de los títulos del Empréstito Patriótico. Lamentablemente, esto no impidió que la posición de liquidez del Banco de la Nación se debilitara –principalmente, por la fuerte presión que las finanzas públicas ejercieron sobre sus reservas–, llevando al sistema al borde del colapso.

VI. La creación del Banco Central

> Causas más poderosas que la voluntad de los gobernantes del país, habían trastornado el sistema de la Caja de Conversión y aconsejado la creación del Banco Central, para reunir, poner en orden y dar su máxima eficacia a los distintos elementos dispersos de nuestra estructura monetaria.
> Federico Pinedo[1]

Puede decirse que la creación del Banco Central de la República Argentina fue un proceso que llevó tiempo. Como se vio, las primeras funciones bancocentralistas aparecieron en la Argentina con el estallido de la Primera Guerra Mundial en 1914, y el Banco Central fue creado recién en 1935. El cuadro VI.1 sintetiza las funciones bancocentralistas llevadas a cabo por los distintos organismos entre 1914 y 1935.

---

[1] Citado en Banco Central de la República Argentina. 1936. *Memoria Anual, primer ejercicio. Año 1935*, p. 6. Buenos Aires: Imprenta Luis L. Gotelli. [En adelante BCRA. *Memoria*].

Cuadro VI.1. Destinatarios de las funciones bancocentralistas de los distintos organismos del sistema de caja de conversión, 1914-1934

Organismo	Gran Guerra	Años veinte		Gran Depresión
	1914-1918	1919-1927	1927-1929	1929-1934
Caja de Conversión	Bancos (FC)	Estado (FC)		Bancos (E) Estado (FC) Estado (E)
Banco de la Nación	Estado	Estado Bancos	Estado Bancos	Estado Bancos
Oficina de Cambios				Tipos de cambio

Nota: FC: por medio de Fondo de Conversión; E: por medio de Emisión.

Como puede observarse en el cuadro, las funciones bancocentralistas se multiplicaron en la Gran Depresión. Fue en este marco cuando tomó fuerza la idea de unificar dichas funciones dispersas en los distintos organismos, a los fines de coordinar la política monetaria. El ambiente ya contaba con la madurez intelectual (y también estaban las condiciones económicas) para seguir las recomendaciones internacionales acerca de la conveniencia de crear un Banco Central *de novo*.[2] Los llamados *money doctors* (o expertos financieros) jugaron un papel central al llevar tales recomendaciones a los países de Centroamérica y América del Sur. Edwin W. Kemmerer, proveniente de los Estados Unidos, asesoró a países como Chile, Perú, Colombia, Ecuador, Bolivia y Guatemala. Y Otto Niemeyer, de procedencia

---

[2] Dos eran las conferencias financieras internacionales que recomendaban la creación de bancos centrales: la de Bruselas (1920) y la de Génova (1922). El término *de novo* es de Goodhart (1988: 36).

británica, fue consultado por Brasil y Argentina.[3] Había algunas diferencias entre las propuestas de estos técnicos, que reflejaban muy probablemente la competencia que existía entre sus países de origen por lograr la hegemonía en el mercado financiero internacional.

En la Argentina, tres fueron los proyectos presentados durante los treinta. El primero elaborado en 1931 por una comisión creada por el entonces ministro de Hacienda, Enrique Uriburu, bajo el gobierno provisional del general José Felix Uriburu. Este proyecto seguía los lineamientos de la propuesta que Otto Niemeyer diseñó para Brasil. El segundo fue elaborado directamente por el propio Otto Niemeyer para la Argentina en 1933, durante la presidencia de Agustín Justo y ocupando el Ministerio de Hacienda Alberto Hueyo. Y el tercero fue presentado por Raúl Prebisch en 1934, también bajo la presidencia de Agustín Justo y ocupando en ese momento el Ministerio de Hacienda Federico Pinedo.

La última de las propuestas fue convertida en la Ley 12.155 del 21 de marzo de 1935 (con muy pocas correcciones). En palabras de Prebisch, el nuevo proyecto "ha hecho el esfuerzo de adaptar al medio argentino el proyecto de Niemeyer, modificándolo en tal forma que se ajuste a la realidad de nuestro país (Banco Central de la República Argentina, 1985: 36)". En este esfuerzo de adaptación –según el economista argentino–, se habían tenido en cuenta dos aspectos. El primero se refiere a las dificultades que la Argentina debía enfrentar como país productor de bienes primarios (fuertemente dependiente de las fluctuaciones de los precios internacionales y de los flujos de capitales). Y el segundo aspecto, se vincula a la delicada situación bancaria producto de la crisis (Sember, 2012).

---

[3] Para el estudio sobre el surgimiento de bancos centrales modernos en América Latina, puede consultarse a Tedde y Marichal (1992), Ortiz Batalla (1998) y Díaz Fuentes, Hoyo Aparicio y Marichal Salinas (2017).

Veamos los rasgos principales del Banco Central de la República Argentina en 1935.

VI.1. Capital

El legislador argentino optó por un banco central autónomo,[4] donde la mitad del capital era aportado por el gobierno y el resto por los bancos (nacionales y extranjeros) que tuvieran un capital no inferior a un millón de pesos moneda nacional. En estos términos, la ley se refería a la aportación del capital:

> Al constituirse el Banco Central, el gobierno nacional subscribirá pesos 10.000.000 m/n de acciones.
> Los bancos nacionales y extranjeros establecidos en la Argentina, que tengan un capital subscripto no inferior a $1.000.000 m/n deberán subscribir a la par una cantidad de acciones proporcional a su capital realizado, hasta completar la suma de $10.000.000 m/n.[5]

De este modo, el legislador argentino se alejó de la propuesta de Niemeyer –que establecía que "el gobierno nacional no podrá ser accionista del Banco"–[6] y se decidió por la posición de los Estados Unidos, una entidad mixta o 'sui géneris' como habría de calificarse después" (Arnaudo, 1987: 26).

---

[4] Al respecto, en la inauguración oficial del BCRA, el Excmo. Señor Presidente de la Nación señaló "el significado de la nueva entidad, por medio de la cual el Gobierno se proponía preservar de toda injerencia política las funciones de regulación monetaria y fiscalización bancaria" (BCRA. 1936. *Memoria*, p. 6).
[5] Ley 12.155 del 21/3/1935, art. 5. En *Anales* 1953, p. 597.
[6] Proyecto Niemeyer, art. 6. En Honorable Congreso de La Nación. 1935. *Proyectos de Ley sobre bancos y moneda: comparativo*. Comisión de Presupuesto y Hacienda, p. 3. Buenos Aires. [En adelante HCDN].

El cuadro VI.2 muestra las entidades que inmediatamente (25 de abril de 1935) se constituyeron como bancos miembros: el Banco de la Nación Argentina, con 2000 acciones; 9 bancos provinciales y mixtos, con 1918 acciones; 28 bancos nacionales, con 4261 acciones; y 12 bancos extranjeros, con 1821 acciones. Pero luego, cuando el BCRA comenzó sus actividades,[7] se introdujeron cambios a esta lista inicial:

1. Cuatro bancos grandes (Español del Río de la Plata, Hogar Argentino, E. Tornquist y Cía. Ltda., y Argentino Uruguayo) "han dejado de ser considerados como bancos por el Banco Central".
2. "Se ha incorporado como banco accionista" una nueva entidad, el Banco Español del Río de la Plata Ltdo. Se transfirieron los depósitos de los cuatro bancos anteriores al pasivo de la nueva entidad.
3. Los bancos Escandinavo Argentino e Italo Español Argentino fueron liquidados por disposición del BCRA.[8]

Cuadro VI.2. Lista de bancos miembros del BCRA, al 25 de abril de 1935

BANCOS	BANCOS
Banco de la Nación Argentina	
Bancos provinciales o mixtos	
1-de la Provincia de Buenos Aires	17-Dose & Cía. Ltda.
2-Provincial de Tucumán	18-Sirio Libanés del Río de la Plata

---

[7] "La vida del Banco Central de la República Argentina se inicia [...] el 31 de mayo en que se reúne el Directorio en pleno para considerar los actos constitutivos y tomar las medidas iniciales para asegurar su desenvolvimiento futuro" (BCRA. 1936. *Memoria*, pp. 5-6).
[8] BCRA. 1936. *Memoria*, pp. 2-3.

3-de Córdoba	19-Popular de Corrientes
4-Prov. de Santa Fe (Rosario)	20-Agrícola Com. e Inmob. del Uruguay
5-Provincial de Santa Fe (Santa Fe)	21-de Olavarría
6-Provincial de Salta	22-Crédito Provincial de la Plata
7-de Mendoza	23-Popular de Quilmes
8-Provincial de Santiago del Estero	24-Comercial de Rosario
9-Provincial de Jujuy	25-Comercial de Tres Arroyos
Bancos nacionales	26-Popular de Concordia
1-El Hogar Argentino*	27-Italo Español Argentino (Mendoza)**
2-Español del Río de la Plata*	28-Nuevo del Azul
3-de Italia y Río de la Plata	**Bancos extranjeros**
4-Ernesto Tornquist y Cía. Ltda.*	1-de Londres y América del Sud
5-de Galicia y Buenos Aires	2-Anglo Sud Americano
6-Popular Argentino	3-Alemán Transatlántico
7-Francés del Río de la plata	4-Germánico de la América del Sud
8-Nuevo Italiano	5-Francés e Italiano para la América del Sud
9-Monserrat Ltdo.	6-Holandés Unido
10-Comercial de Tucumán	7-The First National Bank of Boston
11-Argentino Uruguayo*	8-Italo Belga
12-de Avellaneda	9-The National City Bank of New York
13-Comercial Argentino	10-Supervielle & Cía.
14-Popular Israelita	11-The Royal Bank of Canada

| 15-Comercial del Tandil | 12-Di Nápoli |
| 16-Escandinavo Argentino** | |

Nota: *se fusionaron en el Banco Español del Río de la Plata Ltdo.
**Fueron liquidados.
Fuente: BCRA. 1936. *Memoria*, pp. 3-4.

VI.2. Dirección

En cuanto al directorio del BCRA, se compondría por 1 presidente, 1 vicepresidente y 12 directores. El presidente y el vicepresidente serían designados por el Poder Ejecutivo con acuerdo del Senado dentro de las ternas elegidas por la Asamblea de bancos accionistas. Y los 12 directores serían designados de la forma siguiente: 1 por el presidente de la República, 1 por el Banco de la Nación Argentina, 1 por los bancos provinciales, 3 por los bancos nacionales, 2 por los bancos extranjeros y 4 por la asamblea general de bancos. Estos 4 habrían de ser genuinos representantes de los intereses agrícolas, ganaderos, comerciales e industriales.[9]

De esta manera, la participación de los distintos sectores en la Junta Directiva del BCRA sería la siguiente: un 50% correspondería a los representantes de los bancos y el otro 50% estaría repartido entre los representantes de los agricultores, ganaderos, comerciantes e industriales (29%) y el gobierno (21%). Esta conformación del Directorio se alejaba de la propuesta por Niemeyer, en la cual los representantes de los bancos eran mayoría (78%) y el resto eran agricultores y ganaderos (22%); no estaba el gobierno ni los comerciantes e industriales.[10]

---

[9] Ley 12.155 del 21/3/1935, arts. 9 a 12. En *Anales*, 1953, pp. 597-598.
[10] Proyecto Niemeyer, arts. 9 a 12. En HCDN, 1935, pp. 4-5.

VI.3. Objetivo de política monetaria

Dos serían los objetivos macroeconómicos que debía perseguir el BCRA:[11]

Dada la vulnerabilidad que había mostrado la economía argentina a los *shocks* externos, se tendría como primer propósito "concentrar reservas suficientes para moderar las consecuencias de la fluctuación en las exportaciones y las inversiones de capitales extranjeros sobre la moneda, el crédito y las actividades comerciales, a fin de mantener el valor de la moneda".[12]

El segundo objetivo seguía el principio postulado por la *banking school* (*Real Bills Doctrine*). Así, se proponía "regular la cantidad de crédito y de los medios de pago adoptándolos al volumen real de los negocios".[13] Esto se diferenciaba de la propuesta británica que planteaba como objetivo "regular el volumen de crédito y la consiguiente demanda de circulante, de manera que el peso argentino mantenga el valor externo que le sea asignado por ley".[14] De esta manera, en la ley se planteaba la discrecionalidad en la política monetaria, en tanto que en el proyecto Niemeyer se proponía tipo de cambio fijo y ausencia de política monetaria independiente.

VI.4. Instrumentos de política monetaria

Para llevar adelante los objetivos macroeconómicos, el BCRA tendría que realizar operaciones de expansión o reducción de la base monetaria. En consecuencia, se estableció que

---

[11] Sobre este tema, véase el análisis de Arnaudo (1987: 20-22).
[12] Ley 12.155 del 21/3/1935, art. 3. En *Anales*, 1953, pp. 596-597.
[13] Ley 12.155 del 21/3/1935, art. 3. En *Anales*, 1953, p. 597.
[14] Proyecto Niemeyer, art. 3. En HCDN, 1935, p. 2.

> El banco tendrá el privilegio exclusivo de la emisión de billetes en la República Argentina, excepto la moneda subsidiaria [...]
> El banco se hará cargo de todos los billetes de denominaciones superiores a $5 m/n ya emitidos por la Caja de Conversión y los reemplazará por una emisión nueva de billetes del Banco Central [...]
> Los billetes del Banco tendrán curso legal en todo el territorio de la República Argentina, por el importe expresado en los mismos.[15]

Seguidamente, se dotó al BCRA de las herramientas para aumentar o disminuir su pasivo, por lo que se lo autorizó a

1. Comprar y vender oro, divisas y cambio extranjero.
2. Otorgar préstamos al sistema bancario.
3. "Vender a los otros bancos o volver a comprar de los mismos los Bonos Consolidados de Tesoro Nacional recibidos o adquiridos por el Banco". Es decir, se le puso en sus manos la posibilidad de realizar operaciones de mercado abierto. Este instrumento estaba ausente en la propuesta de Niemeyer.

VI.5. Reserva

Dotado de las herramientas necesarias, el Directorio del BCRA podía expandir o contraer la base monetaria en miras de alcanzar los objetivos macroeconómicos. Pero este poder discrecional estaba sujeto a dos restricciones:

> El Banco mantendrá en todo momento una reserva suficiente para asegurar el valor del peso, ya sea en oro, divisas o cambio extranjero, equivalente al 25% como mínimo de sus billetes en circulación y obligaciones a la vista.

---

[15] Ley 12.155 del 21/3/1935, arts. 35 a 38. En *Anales*, 1953, p. 601.

En ningún caso el Banco podrá tener divisas o cambio extranjero por más del 20% de las reservas; ni computarlas dentro de las mismas por más del 10%.[16]

En el proyecto Niemeyer, se estableció una medida correctiva en caso de que la reserva fuera menor al 33%. En tal sentido, se estipulaba que "si la reserva [...] llegara a ser inferior al 33%, el Banco aumentará sus tasas de redescuentos y adelantos en razón de 1% por lo menos por cada 2% que faltaran para que la reserva llegue a cubrir el 33% mencionado".[17] Esta medida correctiva fue eliminada cuando se hizo la revisión del proyecto. Se consideró el hecho de que, en la fase descendente del ciclo económico, la suba de tasas acentuaría la recesión.

VI.6. Redescuentos

El BCRA podía prestar a los bancos accionistas y a los no accionistas sin restricciones cuantitativas. Solo se estipulaba el número de garantías (firmas solventes) que debían presentar las entidades prestatarias y los plazos de los redescuentos según el tipo de documento descontado. El cuadro VI.3 sintetiza tales requisitos:

---

[16] Ley 12.155 del 21/3/1935, arts. 39 y 40. En *Anales*, 1953, p. 601.
[17] Proyecto Niemeyer, art. 39. En HCDN, 1935, p. 17.

Cuadro VI.3. Requisitos para redescuentos de documentos

DOCUMENTOS PROVENIENTES DE OPERACIONES COMERCIALES RELACIONADAS CON MOVIMIENTO REAL DE MERCADERÍAS
1 firma solvente y otra del banco en cuestión o 2 firmas solventes, en lugar de una, con tipo de redescuento inferior vencimiento a más tardar a los 90 días
DOCUMENTOS PROVENIENTES DE OPERACIONES SOBRE BIENES AGROPECUARIOS E INDUSTRIALES
1 firma solvente y otra del banco en cuestión o 2 firmas solventes, en lugar de una, con tipo de redescuento inferior vencimiento a más tardar a los 180 días

Fuente: Ley 12.155, art. 32. En *Anales* 1954.

El proyecto británico establecía un uso de los redescuentos más restringido que el de la Ley 12.155. En tal sentido, se exigía un número mayor de garantías (firmas solventes). Y frente a igual número de garantías, el de la ley establecía menores tasas. Además, el británico no contemplaba el redescuento de documentos relacionados con la actividad industrial.[18]

VI.7. Adelantos al gobierno

El BCRA se convertía en el "agente financiero y consejero del gobierno en las operaciones de crédito externo o interno y en la emisión y atención de los empréstitos públicos".[19] Se producía un traspaso directo de esta función desde el Banco de la Nación al Banco Central.

---

[18] Proyecto Niemeyer, art. 32. En HCDN, 1935, pp. 11-12.
[19] Ley 12.155 del 21/3/1935, art. 3. En *Anales*, 1953, p. 597.

Los adelantos, por su parte, estaban permitidos solo para cubrir deficiencias estacionales o transitorias en la recaudación. A diferencia de los préstamos al sistema bancario, se establecía una restricción cuantitativa a los mismos; esto es: por "una cantidad que no exceda del 10% del promedio de los recursos en efectivo que [...] haya obtenido en los tres últimos años". Además, se establecía un plazo máximo de reembolso de doce meses; y se decía que "si cualquier adelanto de esta naturaleza quedase impago después de aquel plazo no podrá volver a usarse la facultad del Banco para hacer ulteriores adelantos de esta clase en los años subsiguientes hasta que las cantidades adeudadas hayan sido pagadas". Y finalmente se estipulaba que "sobre esos adelantos, el gobierno pagará un interés no mayor que el tipo mínimo del redescuento en vigor".[20]

VI.8. Supervisión del sistema bancario

Se establecía para el BCRA una función microeconómica relacionada con la vigilancia de los actores individuales que integraban el sistema bancario. La institucionalización de la función de prestamista de última instancia podría promover el comportamiento oportunista de los agentes del sistema (es decir, el surgimiento del riesgo moral); por lo tanto, se hacía necesario "aplicar las disposiciones de inspección, verificación y régimen de los bancos establecidos en la Ley de Bancos".[21]

---

[20] Ley 12.155 del 21/3/1935, arts. 44. En *Anales*, 1953, pp. 601-602. Cabe indicar que en el tema de los adelantos al gobierno prácticamente no se presentaban diferencias con la propuesta británica.
[21] Ley 12.155 del 21/3/1935, art. 3. En *Anales*, 1953, p. 597. Es de señalar que esta función de supervisar a los agentes del sistema bancario estaba ausente en el proyecto de Niemeyer. En dicho proyecto, solo se establecía como función "coordinar la expansión o contracción del volumen del crédito y asegu-

Hasta ese momento, la reglamentación de la actividad de los bancos estaba sujeta a la legislación común (comercial o civil). Con la ley de creación del BCRA, se sancionó la Ley de Bancos 12.156, cuyos contenidos principales estaban dirigidos a:[22]

Restaurar la confianza del público en el sistema

Se brindaron a los depositantes mayores seguridades jurídicas que a los acreedores comunes. En tal sentido, se decía:

> En caso de liquidación de un Banco, los depósitos de ahorro hasta $ 5000 moneda nacional, tendrán privilegio sobre la generalidad de sus bienes muebles después de las otras categorías de créditos privilegiados que enumeran los códigos de Comercio y Civil y la ley de quiebras. El mismo privilegio tendrán los depósitos de las sociedades cooperativas y asociaciones mutualistas, hasta $10.000 m/n.[23]

Crear una banca comercial encargada de las operaciones de corto plazo

Estaba prohibido a los bancos "comprar o conservar en forma permanente la propiedad de bienes raíces que no fueren necesarios para el uso del Banco y sus sucursales".[24] Además,

> los bancos que reciben depósitos y se dedican a la vez a operaciones hipotecarias, constituirán una sección especial para las mismas, asignándoles un capital determinado. Tales operaciones se financiarán exclusivamente con dicho capital, las reservas de la sección y el producto de la colocación de obligaciones y debentures.[25]

---

rar una mayor liquidez en el estado de los Bancos individuales, mediante la formación y control de un fondo central de reserva bancaria". Proyecto Niemeyer, art. 3. En HCDN, 1935, p. 2.
[22] Sobre la Ley de Bancos, véase a Arnaudo (1987: 26-27 y 31).
[23] Ley 12.156 del 21/3/1935, art. 9. En *Anales*, 1953, p. 604.
[24] Ley 12.156 del 21/3/1935, art. 4, inc. A. En *Anales*, 1953, p. 603.
[25] Ley 12.156 del 21/3/1935, art. 16. En *Anales*, 1953, p. 604.

Disminuir el riesgo de liquidez

Se determinaron efectivos mínimos para cada categoría de depósitos: "los bancos nacionales o sucursales de bancos extranjeros establecidos en la Argentina, deberán mantener en todo momento en el país un efectivo que represente por lo menos el 16% de sus depósitos a la vista y el 8% de sus depósitos a plazo".[26] Se decía además que "los bancos que tienen un capital no inferior a un millón de pesos moneda nacional tendrán que mantener los dos tercios por lo menos de dicho efectivo en depósitos a la vista en el Banco Central".[27]

Cuidar la salud del sistema

Se impuso un límite superior a las tasas de interés, atado a la tasa de redescuento fijada por el mismo Banco Central. Específicamente, "el interés que pagarán los bancos sobre depósitos a la vista será inferior por lo menos en 3 puntos, al tipo de redescuento mínimo del Banco Central; sobre depósitos de ahorro el interés será inferior por lo menos en 1 punto a dicho tipo de redescuento".[28]

Asimismo, los depósitos de ahorro dejaban de percibir interés luego de cierto límite: $20.000 m/n por persona y, en el caso de las sociedades cooperativas y asociaciones mutualistas, $50.000 m/n.[29]

---

[26] Ley 12.156 del 21/3/1935, art. 2. En *Anales*, 1953, p. 603. Cabe aclarar que "A los efectos de la presente ley, depósitos a la vista significa y comprende a todas las obligaciones pagaderas dentro de 30 días, o sujetas a un aviso previo a su pago menor de 30 días; el término depósito a plazos comprende a todas las obligaciones –con inclusión de los depósitos de ahorro [...]– pagaderas después de 30 días o sujetas a un aviso previo no menor de 30 días" (Ley 12.156, art. 5. En *Anales*, 1953, p. 603).
[27] Ley 12.156 del 21/3/1935, art. 2. En *Anales*, 1953, p. 603.
[28] Ley 12.156 del 21/3/1935, art. 6. En *Anales*, 1953, p. 604.
[29] Ley 12.156 del 21/3/1935, art. 7. En *Anales*, 1953, p. 604.

VI.9. Saneamiento a los bancos

La salud de los agentes del sistema no era buena para poner en práctica la Ley de Bancos. Consecuentemente, se sancionó también la Ley 12.157, por la cual se creaba el Instituto Movilizador de Inversiones Bancarias. Este organismo tendría como objetivo "adquirir inmuebles, créditos y demás inversiones inmovilizadas o congeladas de los bancos y venderlos gradual y progresivamente". Para tal fin, contaría con un capital de $10.000.000 m/n más un fondo de reserva. [30]

El Instituto comenzó sus operaciones el 28 de diciembre de 1935. Recibió del gobierno m$n 390 millones, de los cuales m$n 10 millones formarían su capital y los m$n 380 restantes el fondo de reserva. Estos m$n 390 millones provinieron de devaluar la paridad del peso de 2,27 pesos papel por peso oro a 4,96 en 1935; es decir, de la operación conocida como la revaluación del oro de la Caja de Conversión.[31]

El cuadro VI.4 resume las principales operaciones de compra de activos inmovilizados (no liquidables) que llevó adelante el Instituto para lograr transformar el sistema bancario en un sistema saludable.

---

[30] Ley 12.157 del 21/3/1935, arts.1 y 2. En *Anales*, 1953, p. 605.
[31] Por esta operación el gobierno obtuvo m$m 663,4 millones, de los cuales el casi 60% destinó al Instituto Movilizador de Inversiones Bancarias.

Cuadro VI. 4. Compra de activos inmovilizados por el Instituto Movilizador de Inversiones Bancarias

Procedencia	Activos inmovilizados		
	Compra m$n millones		
	Efectivo	Pagaré	Total
Banco de la Nación (originados por redescuentos)	150	151	301
Cuatro grandes bancos privados*	129	63	192**
Otros bancos privados	61		61
TOTAL	340	214	554

Nota: *Banco Español y Río de la Plata, Banco Tornquist Co., El Hogar Argentino, y Banco Argentino-uruguayo. **Es de señalar que el Instituto les compró a estos cuatro bancos m$n 385 millones en activos, solo que transfirió m$n 193 millones al Banco Español Ltdo. recién creado.
Fuente: tomado de Della Paolera y Taylor (2003: 287).

Si consideramos el total de préstamos del sistema a fines de 1934 (m$n 3424,5 millones), el rescate fue del 16% del total; un porcentaje más que considerable.

VI.10. Conclusiones

En el marco de la Gran Depresión, tomó fuerza la idea de unificar las funciones bancocentralistas dispersas en los distintos organismos del sistema de caja de conversión, a los fines de coordinar la política monetaria. El ambiente ya contaba con la madurez intelectual para absorber las recomendaciones internacionales acerca de la conveniencia de crear un Banco Central *de novo*. Así, el 21 de marzo de 1935 se sancionó la Ley 12.555 de Creación del Banco Central de la República Argentina.

Se decidió por un banco central autónomo, con aportación del capital de los bancos miembros (50%) y del gobierno (50%), y una participación en el Directorio de los bancos (50%), de los agricultores, ganaderos, comerciantes e industriales (29%) y del gobierno (21%).

Dos eran los objetivos macroeconómicos que debía perseguir el BCRA. El primero, sostener reservas suficientes para moderar el impacto de las fluctuaciones externas en la moneda y el crédito. Y el segundo, regular el crédito y el circulante a las necesidades de la producción (*Real Bills Doctrine*).

Para llevar adelante tales objetivos, el BCRA tendría que realizar operaciones de expansión o reducción de la base monetaria. En consecuencia, se le otorgó el privilegio exclusivo de la emisión de billetes en todo el país. Y se lo autorizó a comprar y vender oro, divisas y cambio extranjero, a otorgar préstamos al sistema bancario, y a realizar operaciones de mercado abierto.

Este poder discrecional en el manejo de la política monetaria estaba sujeto a algunas restricciones: (1) las reservas, ya sean en oro, divisas o cambio extranjero, debían ser mayores o iguales al 25% de los billetes en circulación y obligaciones a la vista; y (2) las divisas o cambio extranjero no podían ser mayores al 20% de las reservas, ni computarlas dentro del cálculo de la reserva mínimo por más del 10%.

Asociado a los objetivos macro, el BCRA debía cumplir una función microeconómica. La institucionalización de la función de prestamista de última instancia podría promover el comportamiento oportunista de los agentes del sistema (es decir, el problema del riesgo moral); por lo tanto, se hacía necesario inspeccionar el cumplimiento por parte de los bancos de las disposiciones establecidas en la Ley de Bancos.

Hasta ese momento, la reglamentación de la actividad de los bancos estaba sujeta a la legislación común (comercial o civil). Junto con la ley de creación del BCRA, se sancionó la Ley de Bancos 12.156, cuyos contenidos principales estaban dirigidos a (1) brindar a los depositantes mayores seguridades jurídicas que a los acreedores comunes; (2) crear una banca comercial de corto plazo; (3) disminuir el riesgo de liquidez, a través de la fijación de efectivos mínimos para cada categoría de depósitos; y (4) cuidar la salud del sistema, por medio de fijar un límite superior a la tasa de interés y al monto de depósitos de ahorro sujeto a interés.

Empero, la salud de los agentes del sistema no era buena para poner en práctica la Ley de Bancos. Consecuentemente, se sancionó la Ley 12.557, por la cual se creaba el Instituto Movilizador de Inversiones Bancarias. Este organismo tenía como objetivo comprar los activos inmovilizados (no liquidables) de los bancos, para luego venderlos gradual y progresivamente. Se estipulaba que el Instituto estaría dotado con fondos provenientes de la revaluación del oro de la Caja de Conversión. El rescate alcanzó al 16% del total de préstamos del sistema: un porcentaje más que considerable.

VII. Aprendiendo del pasado: reflexiones finales

> ... en el caso argentino, es imprescindible examinar el pasado en busca de indicios sobre las dificultades recientes (Díaz Alejandro, 2002 [1970]: 17).

VII.1. Reglas versus discrecionalidad monetaria

El análisis de los avatares de la Primera Caja de Conversión argentina nos revela que fue muy difícil mantenerse en un modelo de reglas monetarias. La "prosperidad"[1] del sistema de caja de conversión se dio solo en el período del Progreso (1900-1913). Este lapso se caracterizó por la entrada casi permanente de divisas, producto del aumento de los valores de exportación y la inversión extranjera. Luego hubo un intento de volver a las reglas monetarias en 1927, pero fue frenado debido al *crack* de la bolsa de Nueva York en 1929.

Por consiguiente, luego de 1914 primó en la Argentina la discrecionalidad monetaria. Entre 1914 y 1927, las autoridades escogieron: (1) tipo de cambio flexible; (2) mercado de capital abierto; y (3) una política monetaria de autorregulación.

A partir de 1929, el grado de discrecionalidad monetaria fue mayor. Se siguió una política anticíclica, los movimientos de la base monetaria atenuaron los movimientos negativos de las reservas. Para llevar adelante esto, la Caja de Conversión utilizó como instrumento el tipo de cambio y también, desde abril de 1931, los redescuentos.

---

[1] Término utilizado por Ford (1966: 279).

La situación se complicó aun más cuando Gran Bretaña decidió salir del patrón oro en septiembre de 1931. Las autoridades argentinas reaccionaron aplicando el control de cambios en octubre de ese año. Conjuntamente, el peso se revaluó respecto a la libra y su comportamiento respecto al oro se "pegó" al del dólar y al del franco. Luego, cuando Estados Unidos devaluó respecto al oro en abril de 1933, el peso se revaluó respecto al dólar y se "pegó" al franco. Asimismo, se dio la ruptura total de la relación entre la variación en las reservas y la variación en los billetes circulantes. Esta última pasó a ser explicada por la variación en los activos domésticos (redescuentos y adelantos al gobierno teniendo como caución los títulos del Empréstito Patriótico).

A partir de noviembre de 1933, comenzó la segunda etapa de control de cambios. La moneda se devaluó y se introdujeron tipos de cambio múltiples. Las reservas alcanzaron el mínimo global de la serie en septiembre de 1934. No obstante, la caída experimentada fue compensada por la suba en el tipo de cambio, que alcanzó el máximo global en esa misma fecha. Esto permitió que la cantidad de billetes circulantes continuara con el patrón establecido por los activos domésticos.

De este modo, la creación del BCRA representó un cambio de nombre de un nuevo régimen de política macroeconómica que había empezado antes.[2] La legislación de 1935 propuso un banco central con poder discrecional y dotado de múltiples instrumentos para llevar adelante políticas anticíclicas.

---

[2] Esta visión coincide con la de Della Paolera y Taylor (2003), y Gerchunoff y Machinea (2015).

VII.2. La función de prestamista de última instancia

El examen de los avatares de la Primera Caja de Conversión también nos ilustra sobre la necesidad de un prestamista de última instancia. Excepto en el período del Progreso (1900-1913), las entidades bancarias necesitaron de un organismo que cumpliera esa función bancocentralista. La Caja de Conversión llevó adelante dicha tarea en 1914, cuando los bancos enfrentaron una inusitada corrida sobre sus depósitos; aquella lo hizo a través del uso de las reservas extra (el Fondo de Conversión).

El Banco de la Nación también cumplió el papel de prestamista de última instancia. A pesar de que las leyes de redescuentos de 1914 permitían al Banco llevar los documentos redescontados a la Caja de Conversión, aquel operó con fondos propios sin apoyo de esta hasta 1931. Estas operaciones de redescuentos del Banco cobraron significancia a partir de 1923, cuando fue rescatado un banco privado, de larga trayectoria y fuerte liderazgo.

Pero fue recién en 1929 y 1930 cuando el peso de los redescuentos del Banco de la Nación en las reservas de los otros bancos alcanzó cifras alarmantes. Al año siguiente, la Caja de Conversión se puso al hombro la función de prestamista de última instancia. A partir del mes de abril, comenzó a emitir papel moneda teniendo como contrapartida los redescuentos.

De esta manera, con la creación del BCRA en 1935, se institucionalizó una función que venía ejerciendo la Caja de Conversión desde 1931. La novedad fue la supervisión del sector bancario por parte del BCRA, acompañada por una ley de bancos y por la creación del Instituto Movilizador de Inversiones Bancarias dedicado a llevar adelante las operaciones de saneamiento de aquel sector.

VII.3. La presión del Estado por financiamiento

Por último, el estudio de los avatares de la Primera Caja de Conversión también muestra que, desde 1914 en adelante, el Estado presionó para obtener financiamiento dentro del sistema. Durante la Primera Guerra Mundial, el sector bancario –en particular el Banco de la Nación– fue el encargado de allegarles recursos a las finanzas públicas, a través de descubiertos de la Cuenta de Tesorería de la Nación, compra de fondos públicos, redescuentos de Letras de Tesorería y préstamos oficiales; alguno de estos medios (los redescuentos de Letras) constituyó una estrategia para sortear la restricción legal.

En la década de los veinte, hubo una decidida intervención del Estado en la economía. Los ingresos fueron ascendentes, pero no alcanzaron a cubrir los crecientes gastos. El Banco de la Nación continuó proveyéndoles recursos a las finanzas públicas, a través de los mismos medios, incorporando además adelantos para distintos fines. Por su parte, la Caja de Conversión le prestó un tercio de las reservas extra (el Fondo de Conversión) para que pudiera hacer frente al pago de los servicios de la deuda externa.

Durante la Gran Depresión, el Estado fue uno de los sectores económicos fuertemente afectados. El Banco de la Nación ahondó sus fuentes de financiamiento precedentemente enumeradas. Pero ello no alcanzó. De ahí que la Caja de Conversión en 1931 hizo uso del 100% de las reservas extra para afrontar el pago de los servicios de la deuda externa. Y a partir de mayo de 1932, emitió papel moneda teniendo como caución los títulos del Empréstito Patriótico. A pesar de ello, la presión de las finanzas públicas sobre las reservas del Banco fue el principal responsable de su deterioro y, por ende, del deterioro del sistema.

El BCRA se hizo cargo de los préstamos al gobierno otorgados tanto por el Banco de la Nación como por la Caja de Conversión. A partir de allí, los adelantos solo estarían permitidos para cubrir deficiencias estacionales o transitorias en la recaudación; y, a diferencia de los préstamos al sistema bancario, se establecía una restricción cuantitativa a los mismos.

Una enseñanza que nos deja el libro *Avatares de un sistema monetario* es que

> Para el caso argentino, parecería que solo de manera excepcional pueden seguirse reglas monetarias, que solo de manera excepcional puede prescindirse de un organismo que cumpla la función de prestamista de última instancia, y fundamentalmente que solo de manera excepcional puede pensarse en un Estado que no presione para obtener recursos del sistema financiero.

Apéndice

La Primera Caja de Conversión argentina en cifras, 1901-1935

Con el propósito de ilustrar en cifras el desempeño del sistema de la Caja de Conversión, se elaboró una base de datos. Toda la información reunida allí fue levantada de un extraordinario trabajo realizado por el Instituto Bancario de la Facultad de Ciencias Económicas de la Universidad de Buenos Aires, bajo la dirección de Pedro J. Baiocco. Este trabajo fue publicado en el año 1937.

La base utiliza un programa para hoja de cálculo, Excel. Contiene 10 tablas, 59 variables y un total de 420 registros mensuales, que van de enero de 1901 a diciembre de 1935. Se añade una tabla más destinada a fuentes y notas. En esta última, se reproducen la fuente original de dónde provino el dato y una explicación –en algunos casos– de cómo el equipo dirigido por Baiocco construyó el dato. Es de señalar que la base cuenta con un índice, con la finalidad de guiar al usuario acerca del contenido de la misma.

Se puede acceder a la base de datos a través de https://goo.gl/CZtJLZ

Fuentes

Baiocco, Pedro. 1937. *La economía bancaria argentina*. Buenos Aires: Universidad de Buenos Aires.

Banco Central de la República Argentina. 1936. *Memoria Anual, primer ejercicio. Año 1935*. Buenos Aires: Imprenta Luis L. Gotelli.

Banco Central de la República Argentina. 1937. *Memoria Anual, segundo ejercicio. Año 1936*. Buenos Aires: Imprenta Luis L. Gotelli.

Banco de la Nación Argentina. 1941. *Banco de la Nación Argentina en su cincuentenario*. Buenos Aires: Talleres Gráficos de Guillermo Kraft Ltda. S.A.

Caja de Conversión. 1931. *Memoria de la Caja de Conversión correspondiente al ejercicio del año 1929*. Buenos Aires: Gerónimo J. Pesce y Cía.

Caja de Conversión. 1932. *Memoria de la Caja de Conversión correspondiente al ejercicio de los años 1930 y 1931*. Buenos Aires: Gerónimo J. Pesce y Cía.

Ferreres, Orlando. 2005. *Dos siglos de economía argentina*. Buenos Aires: Fundación Norte y Sur.

Honorable Cámara de Diputados de la Nación. 1935. *Proyectos de Ley sobre bancos y moneda: comparativo*. Buenos Aires: Comisión de Presupuesto y Hacienda.

Memoria de Hacienda. 1927. http://cdi.mecon.gob.ar

República Argentina. 1931. *Boletín Oficial de la República Argentina*. Buenos Aires, 19 de octubre de 1931.

República Argentina. 1931. *Boletín Oficial de la República Argentina*. Buenos Aires, 21 de octubre de 1931.

República Argentina. 1932. *Boletín Oficial de la República Argentina*. Buenos Aires, 22 de enero de 1932.

República Argentina. 1933. *Boletín Oficial de la República Argentina*. Buenos Aires, 14 de noviembre de 1933.

República Argentina. 1954. *Anales de Legislación Argentina. Complemento años 1889-1919*. Buenos Aires: Editorial La Ley.

República Argentina. 1953. *Anales de Legislación Argentina, Complemento año 1920-1940*. Buenos Aires: Editorial La Ley Buenos Aires.

Vázquez Presedo, Vicente. 1971. *Estadísticas históricas argentinas (comparadas)*. Primera parte, 1875-1914. Buenos Aires: Ediciones Macchi.

Bibliografía

Arcondo, Aníbal y Aldo Arnaudo. 1989. "La deuda externa argentina en 1890 y 1982". Trabajo presentado en las XI Jornadas de Economía Monetaria y Sector Externo del BCRA, 22 y 23 de junio.

Arnaudo, Aldo. 1987. *Cincuenta años de política financiera argentina, 1934-1983*. Buenos Aires: El Ateneo.

Banco Central de La República Argentina. 1985. *El Banco Central de la República Argentina en su 50 aniversario*. Buenos Aires.

Barbero, María Inés, Jorge Saborido, Rubén L. Berenblum, Gon?al López Nadal y Germán Ojeda. 2007. *Historia económica mundial. Del paleolítico a Internet*. Buenos Aires: Emecé Editores.

Beveraggi Allende, Walter. 1954. *El servicio de capital extranjero y el control de cambios: la experiencia argentina de 1900 a 1943*. México: FCE.

Carballo, Carlos Alberto. 2008. "La política monetaria en los tiempos de la Caja de Conversión". *Documento de Trabajo N° 24*. Pontificia Universidad Católica Argentina, Facultad de Ciencias Sociales y Económicas, Departamento de Economía.

Cortés Conde, Roberto. 1979. *El Progreso argentino, 1880-1914*. Buenos Aires: Editorial Sudamericana.

_____. 1989. *Dinero, deuda y crisis. Evolución fiscal y monetaria en la Argentina*. Buenos Aires: Editorial Sudamericana.

_____. 1997. "La formación de mercados en la frontera". En *La economía argentina en el largo plazo. Ensayos de historia económica de los siglos XIX y XX*. Buenos Aires: Editorial Sudamericana-Universidad de San Andrés.

_____. 2003. *Historia económica mundial. Desde el Medioevo hasta los tiempos contemporáneos*. Buenos Aires: Editorial Ariel.

_____. 2005. *La economía política de la Argentina en el siglo XX*. Buenos Aires: Edhasa.

_____. 2009. "La crisis de 1930. Cómo afectó a la Argentina", Conferencia en la Academia Nacional de Historia. Buenos Aires, 26 de mayo.

Della Paolera, Gerard y Alan M. Taylor. 2003. *Tensando el ancla. La Caja de Conversión argentina y la búsqueda de la estabilidad macroeconómica, 1880-1935*. Buenos Aires: Fondo de Cultura Económica.

Díaz Alejandro, Carlos. 2002 [1970]. *Ensayos sobre la historia económica argentina*. Buenos Aires: Editorial Amorrortu.

Díaz Fuentes, Daniel, Andrés Hoyo Aparicio y Carlos Marichal Salinas (eds.). 2017. *Orígenes de la globalización bancaria. Experiencias de España y América Latina*. Madrid: Genueve Ediciones.

Duncan, Tim. 1983. "La política fiscal durante el gobierno de Juárez Celman, 1886-1890: una audaz estrategia financiera internacional". *Desarrollo Económico* 23: 11-34.

Eichengreen, Barry. 1996. *La globalización del capital. Historia del Sistema Monetario Internacional*. Barcelona: Antoni Bosch, editor, S.A.

Ferns, Harry S. 1966. *Gran Bretaña y Argentina en el siglo XIX*. Buenos Aires: Editorial Solar.

Fodor, Jorge y Arturo O'Connell. 1973. "La Argentina y la economía atlántica en la primera mitad del siglo XX". *Desarrollo Económico* 13 (49): 3-65.

Ford, Alec George. 1966. *El patrón oro: 1880-1914. Inglaterra y Argentina*. Buenos Aires: Editorial del Instituto Torcuato Di Tella (primera edición en castellano).

Foreman-Peck, Jame. 1985. *Historia de la economía mundial. Las relaciones económicas internacionales desde 1850*. Barcelona: Editorial Ariel.

García Vizcaino, José. 1972. *La deuda pública nacional*. Buenos Aires: Editorial Universitaria de Buenos Aires.
Gerchunoff, Pablo y Lucas Llach. 2003. *El ciclo de la ilusión y el desencanto. Un siglo de políticas económicas argentinas*. Buenos Aires: Ariel.
Gerchunoff, Pablo, Fernando Rocchi y Gastón Rossi. 2008. *Desorden y progreso. Las crisis económicas argentinas 1870-1905*. Buenos Aires: Editorial Edhasa.
Gerchunoff, Pablo. 2010. *Circulando en el laberinto: la economía argentina entre la depresión y la guerra (1929-1939)*. Universidad de Alcalá: Instituto de Estudios Latinoamericanos.
Gerchunoff, Pablo y José Luis Machinea. 2015. "Circulando en el laberinto: la economía política de la salida del patrón oro en la Argentina (1929-1933)". *Revista CEPAL* 117: 109-126.
Gómez, Mónica. 2011. "El Banco Provincial de Córdoba y la Crisis de Baring. Argentina, 1890/91". *Revista de Economía y Estadística* 49 (2): 51-78. Disponible en https://goo.gl/u5ebQD.
_____. 2014. "El Modelo de la Caja de Conversión y el Banco de la Nación Argentina en el período del Patrón Oro (1900-1914)". Ponencia presentada en el *Cuarto Congreso Latinoamericano de Historia Económica* (CLADHE IV), Bogotá.
_____. 2015. "El comportamiento bancario en la primera Caja de Conversión argentina, 1900-1935". Ponencia presentada en la *6° Jornadas Uruguayas de Historia Económica*, Montevideo.
_____. 2016a. "El Fin de la Caja de Conversión y el Nacimiento del Banco Central. Argentina en la Gran Depresión, 1929-1935". Ponencia presentada en el *Congreso Internacional Orígenes de la Globalización Bancaria: la experiencia de España y Latinoamérica*, Santander España.

_____. 2016b. "El Banco de la Nación Argentina: Un banco comercial con funciones a 'medias' de Banco Central, 1914-1935". Ponencia presentada en el *Quinto Congreso Latinoamericano de Historia Económica* (CLADHE V), Sao Paulo.

Gómez, Mónica, Gabriel Ratner y Lucas Tossolini. 2014. "El Modelo de la Caja de Conversión y el Banco de la Nación Argentina desde la Gran Guerra hasta la Gran Depresión (1914-1929)". Ponencia presentada en la XLIX Reunión Anual Asociación Argentina de Economía Argentina, Posadas.

Gómez, Mónica, Lucas Tossolini, Germán González y Gabriel Ratner. 2015. "El sistema de la Caja de Conversión argentina en la Gran Depresión, 1929-1934". Ponencia presentada en la *L Reunión Anual Asociación Argentina de Economía Argentina*, Salta.

Goodhart, Charles. 1988. *The Evolution of Central Banks*. Cambridge: The MIT Press.

Hobsbawn, Eric. 2009. *Historia del siglo XX*. Buenos Aires: Crítica.

Marichal, Carlos. 2010. *Nueva historia de las grandes crisis financieras. Una perspectiva global, 1873-2008*. Buenos Aires: Debate.

Miguez, Eduardo. 2008. *Historia económica de la Argentina. De la Conquista a la crisis de 1930*. Buenos Aires: Sudamericana.

O'connel, Arturo. 1984. "La Argentina en la depresión: los problemas de una economía abierta". *Desarrollo Económico* 23 (92): 479-513.

Ortiz Batalla, Javier. 1998. *Los bancos centrales en América Latina. Sus antecedentes históricos*, Buenos Aires: Editorial Sudamérica/Universidad San Andrés.

Prados Arrarte, Jesús. 1944. *El control de cambios*. Parte I de *El intervencionismo de Estado en la Argentina*. Buenos Aires: Editorial Sudamericana.

Quintero Ramos, Ángel M. 1970. *Historia monetaria y bancaria de Argentina (1500-1949)*. México: FMI-BID-CEMLA.

Rayes, Agustina. 2014. "La estadística de las exportaciones argentinas, 1875-1913. Nuevas evidencias e interpretaciones". *Investigaciones de Historia Económica. Economic History Research* 11 (1): 31-42.

Regalsky, Andrés. 2010. "Empresas, Estado y mercado en el sector financiero: el Banco de la Nación Argentina, 1891-1930". *Centro de Estudios Económicos de la Empresa y el Desarrollo, Anuario* 2. Facultad de Ciencias Económicas, Universidad de Buenos Aires.

Regalsky, Andrés y Mariano Iglesias. 2015. "Banca pública, banca privada y crisis: el Banco de la Nación Argentina como prestamista de última instancia entre la Primera Guerra Mundial y la posguerra". *Ensayos Económicos* 72. Banco Central de la República Argentina.

Salama, Elías. 1998. "El orden monetario argentino en las primeras décadas del siglo XX". *Económica* XLIV (4): 365-401.

Schuler, Kurt A. 1992. "Currency Boards". Ph.D. Dissertation. Fairfax (Virginia): George Mason University, June.

Sember, Florencia. 2012. "El papel de Raúl Prebisch en la creación del Banco Central de la República Argentina". *Estudios Críticos del Desarrollo* II (3): 133-157.

Smith, Vera. 1990. *The Rationale of Central Banking and the Free Banking Alternative*. Indianapolis: Liberty Press.

Taylor, Alan M. 2004. "Finanzas mundiales: Pasado y presente". *Finanzas y Desarrollo* 28-31.

Tedde, Pedro y Carlos Marichal. 1994. *La formación de los bancos centrales en España y América Latina (siglos XIX y XX)*. Banco de España, Estudio de Historia Económica 29.

Terry, José A. 1893. *La crisis 1885-1892. Sistema bancario*. Buenos Aires: Imp. M. Biedman.

Williams, John H. 2000 [1920]. *Argentine International Trade under Inconvertible Paper Money, 1880-1890.* New York: Greenwood Press.

Este libro se terminó de imprimir en febrero de 2018 en Imprenta Dorrego (Dorrego 1102, CABA).

www.ingramcontent.com/pod-product-compliance
Lightning Source LLC
Chambersburg PA
CBHW021758230426
43669CB00006B/111